Hans-Peter Gensichen
Armut wird uns retten
Geteilter Wohlstand in einer Gesellschaft des Weniger

Impressum

Hans-Peter Gensichen
Armut wird uns retten
Geteilter Wohlstand in einer Gesellschaft des Weniger

Layout: Andreas Klinkert
Satz: Sabine Felbinger
Titelfoto: photocase.com©www.visuals4b.de
Druck und Bindung: Westermann Druck Zwickau GmbH
Auflage: 1/2009
© Oktober 2009 by Publik-Forum
Verlagsgesellschaft mbH
Postfach 2010
61410 Oberursel

ISBN 978-3-88095-192-1

Hans-Peter Gensichen

Armut wird uns retten

*Geteilter Wohlstand
in einer Gesellschaft des Weniger*

La civilización de la pobreza hace de la satisfacción universal de las necesidades básicas el principio del desarrollo y del acrecentamiento de la solidaridad compartida el fundamento de la humanización.

Ignacio Ellacuría 1989

Hans-Peter Gensichen ist 1943 in Pritzwalk (Land Brandenburg) geboren. Mit 16 Jahren versuchte er Kirchenmusik zu studieren, wurde aber im zweiten Anlauf evangelischer Theologe. Nach dem Studium in Ostberlin wurde er in Halle (Saale) 1978 zum Dr. theol. promoviert. Gensichen ging in die Lutherstadt Wittenberg, zuerst als Vikar an der Stadtkirche, dann als Prediger an der Schlosskirche und seit 1978 als Leiter des Kirchlichen Forschungsheimes, einer Stätte des Dialogs zwischen Theologie und Naturwissenschaften. In seiner Zeit machte Gensichen das Institut zum intellektuellen Zentrum der kritischen Umweltbewegung in der DDR.

Hans-Peter und Verena Gensichen, seit 1968 verheiratet, haben drei Kinder, die in Rostock, Leipzig und Tübingen leben.

Seit 2002 im Ruhestand realisierte Gensichen mehrere Buchprojekte, zuerst die Umweltethik »tun-lassen« (Halle a. d. Saale 2003), dann mehrere Aufsätze über die Geschichte der kirchlichen Umweltbewegung in der DDR, 2005 dann den Zukunftsroman »Uckermark« (im Eigenverlag). 2009 kam eine überarbeitete Version dieses Romans im PS-Verlag Eberswalde heraus (siehe www.zukunft-uckermark.de oder www.uckermark.zukunftsroman.de).

Das Ehepaar Gensichen zog Anfang 2007 nach Tübingen. Dort arbeiten beide in der Kirchengemeinde, im Weltladen und im Umweltteam. Es gibt viel Freude an den Enkelkindern – und auch neue Buchprojekte.

Inhalt

1. Eine Befreiungstheologie für den Nordwesten   9

2. Die Gesellschaft des Weniger entsteht in Westeuropa   13

3. Der Kapitalismus kollabiert   21

4. Die Theologie der Befreiung gegen die Superkrise   29

5. Das volle Maß der Zukunftsfähigkeit   39

6. Aus der Ausweglosigkeit erwächst die neue Zivilisation   45

7. Gott an den Rändern der alten Gesellschaft   55

8. Schrumpfung mit Vernunft   61

9. Mit dem »Weniger« gegen die totale Armut   67

10. Gemeinsamer Wohlstand in Süd und Nord   73

11. Lernen vom Süden – Aufgabe der Kirche   81

12. Die Praxis des Weniger ist befreiend   89

1.

Eine Befreiungstheologie für den Nordwesten

Am Beginn dieses Buches steht ein Zitat des Jesuiten Ignacio Ellacuría. Etwas ausführlicher – und in deutscher Übersetzung – lautet es: »Die Zivilisation der Armut ... macht die universale Befriedigung der Grundbedürfnisse zum Prinzip der Entwicklung und das Wachstum der gemeinsamen Solidarität zur Grundlage der Humanisierung.« Also einen in Nord und Süd etwa gleich hohen Entwicklungs- und Lebensstandard. Ellacuría, ein führender Befreiungstheologe, hat das 1989 geschrieben, kurz vor seiner Ermordung durch Soldaten, die in den Wohntrakt der von ihm geleiteten zentralamerikanischen Jesuiten-Universität in San Salvador eingedrungen waren. Der zitierte Satz ist eine hohe und gerechte Forderung, die man für essenziell halten muss, der man sich aber auch – wie jedem moralischen Imperativ – entziehen kann.

Im Norden der Welt und in der Situation, in welcher wir uns 2009/2010 gerade befinden, mithin auch in dem hier vorgelegten Buch, verstehe ich Ellacuría etwas anders:

»Wir geraten de facto und unwillentlich in eine Zivilisation der Armut. Wir nähern uns im Nordwesten südamerikanischen Verhältnissen. (Ulrich Beck hat 1999 von der »Brasilianisierung des Westens« und 2005 von der »Gesellschaft des Weniger« gesprochen, zu der

Deutschland sich zwangsläufig entwickele.) Dieser Entwicklung können wir uns nicht entziehen – nicht so, wie man sich einem moralischen Imperativ eben entziehen könnte. Angesichts dessen sollten wir die Befriedigung der Grundbedürfnisse anstreben und gut organisieren. Mehr sollten wir nüchternerweise nicht wollen. Insofern werden wir zu dem von Ellacuría geforderten Wachstum der gemeinsamen Solidarität geradezu genötigt. Mit diesem Wachstum – nur mit ihm – wird uns der Weg ins Weniger gelingen.« So übersetze ich den Gedanken von Ellacuría in die Situation des immer noch um so viel reicheren Nordwestens der Welt.

Ein bekannter Gedanke wie der folgende kommt daher in diesem Buch nicht mehr vor: »Da wir im Norden Wohlstandsgewinn haben vom Wirtschaftswachstum, sollten/wollen wir davon freiwillig und aus Überzeugung anderen, der Natur und den Ärmsten im armen Süden etwas abgeben und selbst auf etliches verzichten.« Sondern ich sage: Darum geht es nicht mehr. Wir haben keinen Wohlstandsgewinn vom Wirtschaftswachstum mehr – und nur noch wenig Spielraum für Freiwilligkeit. Es geht um ein alternativloses Verzichten-Müssen.

Auch ein anderer oft gehörter Satz wird in diesem Buch umformuliert: Man müsse »die versteinerten Verhältnisse zum Tanzen bringen« (Antonio Gramsci). In den versteinerten 1980er-Jahren ist er in Westdeutschland häufig und sinnvoll verwendet worden. Heute würde ich ihn so umsprechen: Die ehemals versteinerten Verhältnisse sind total ins Taumeln und Kippen geraten und bringen uns ins Taumeln und Kippen. Da kommt es darauf an, dass wir aus dem Taumeln ein Tanzen machen, um nicht ganz abzurutschen. Wir müssen – müssen! – die neue Bewegung, die uns gar keinen Spaß macht, aufnehmen und mit Mühe und neuen Ideen in ein Tanzen verwandeln, das uns schließlich in ein neues Gleichgewicht bringt.

Wenn das so ist, hätte ich auf den folgenden Seiten viel schreiben können über das Taumeln und Kippen und Abrutschen in der Mittelschicht: über deren schon absehbare schwere Verluste, über das Herausfallen aus ihr oder den Kampf, wenn man in ihr bleiben oder in sie zurückkehren will. Was da an privaten und betrieblichen Insolvenzen, an Scham, Depression, Neid, Entzugserscheinungen, Orientierungsverlust auf die Mittelschichtler – und gerade auf die jüngeren – zukommt, belastet schwer. Aber dieses Buch konzentriert sich auf etwas anderes, quasi auf die Situation danach. Auf den größer und größer werdenden Rand der Gesellschaft – und dort auf die neuen Ideen, die Neuanfänge, die schwer erfunden und erkämpft werden müssen, die aber auch glücken können. Speziell interessieren mich neue Koalitionen »zwischen A und B« an der Peripherie: zwischen den Armen, die nicht aufgeben / den Ausgemusterten, die aktiv bleiben einerseits und den experimentierfreudigen Bildungsbürgern / den bewussten Umweltschützern andererseits. Wenn die sich an den Rändern der Gesellschaft treffen und finden und kooperieren, kann da die civilisación de la pobreza, die Ignacio Ellacuría meint, die Gesellschaft des Weniger, von der Ulrich Beck spricht, gestaltet, ja: neu erfunden werden. Da, am Horizont. Das ist die Grundthese dieses Buches.

Ein kurzer Überblick – länger als das Inhaltsverzeichnis – nimmt in zwölf Thesen vorweg, was die Leserin, den Leser erwartet:

1. In Westeuropa, der Region des Mehr, entsteht gerade eine Gesellschaft des Weniger. Wir leben in Schrumpfung und Rückgang. Und das schon seit Jahren – und auf vielen Ebenen gleichzeitig.

2. Mit dem Ende der Wachstumsgesellschaft ist der Absturz des Kapitalismus verbunden. Dieser wird nicht von Kapitalismusgegnern willentlich gestürzt. Aber alle Menschen und die ganze Erde leiden darunter. Das kann kein Grund für Begeisterung sein.

3. Wachstumsdenken und Kapitalismus haben eine Religion, sind eine große Religion: »Schneller – höher – weiter – und das für immer.« Nun enden beide gemeinsam.

4. In einer Theorie und Praxis der Befreiung kann das Desaster aufgehoben werden, in welches a) das vielfältige Schrumpfen sowie b) das Scheitern des Kapitalismus uns stoßen. Die hier vorgestellte Theorie ist eine Theologie.

5. Der Weg und das Ergebnis dieser Befreiung heißt: Zukunftsfähigkeit (sustainability) und Zufriedenheit jenseits von Wachstumssehnsucht und Wachstumsglück. Ich nenne sie auch »arme Nachhaltigkeit«.

6. An den Orten der Ausweglosigkeit, dort, wo die Situation des Weniger am krassesten ist, entsteht sie schon: eine neue Zivilisation am Rand der schrumpfenden Wachstumsgesellschaft.

7. Ebendort, in der sozialen Brache, an den äußersten Rändern der alten Gesellschaft, erscheint der Gott von Jesus Christus. Dort, nicht in der Mitte, ist er wie immer zu finden.

8. Die Regierenden beschwören noch immer »Wachstum und Verantwortung«. Sie müssten aber für »Schrumpfung plus Vernunft« eintreten.

9. Ein Absinken in die Totalität der Armut darf es nicht geben und muss es auch nicht geben. Ein innovatives Instrument gegen ein solches Absinken ist ein bedingungsloses Grundeinkommen für jede und jeden.

10. Ein gemeinsamer Wohlstand von Süd und Nord ist in Zeiten der Globalisierung gar nicht vermeidbar. Und er ist auch gestaltbar: auskömmlich, karg und ökologisch tragbar. So wird er global gerecht – und für Westeuropa viel niedriger als jetzt.

11. Ohne ein programmatisches Lernen vom armen Süden wird der reiche Nordwesten auf dem Weg in diesen neuen gemeinsamen globalen Wohlstand kaputtgehen. Als Plattform für dieses Lernen vom Süden können die Kirchen dienen. Keiner hat so viele und so fundierte Erfahrungen in der Entwicklungshilfe wie auch im karitativen Handeln. Keiner kennt wie sie die Bibel, wo Armut = ArmSeligkeit = Seligkeit genannt wird.

12. Was ohnehin gerade im Kommen ist, erleiden wir entweder als Desaster – oder wir akzeptieren, moderieren und meistern es. So heben wir das Desaster auf. Das ist eine Art von Befreiung. In einer Befreiungstheologie zeigt sich dann die Befreiung durch Christus als Notfallseelsorge nach dem Entzug der Dopingmittel der sterbenden Wachstumsreligion.

2.

Die Gesellschaft des Weniger entsteht in Westeuropa

Der Nordwesten der Welt wurde seit dem 19. Jahrhundert von dem Versprechen des Wachstums beherrscht und beflügelt: die wirtschaftliche Entwicklung werde sich über den Globus ausbreiten, das menschliche Los grundlegend verbessern, den kulturellen und sozialen Fortschritt bewirken. Und das für alle Zeit. Das »schneller – höher – weiter« der olympischen Bewegung passte gut dazu, ebenso das »Freiheit – Gleichheit – Brüderlichkeit« aus der Französischen Revolution. Drittens kam dann noch die (oft evolutionsbiologisch untermauerte) These von der Höherentwicklung hinzu. Dann setzten sich auch noch die Gleichungen »kapitalistische Marktwirtschaft = dauernde Verbesserung des Lebensstandards = Demokratie« fest. Auf der moralischen Ebene entsprach dem die freundliche These, die Expansion der Wirtschaft würde auch geistige und sittliche Höherentwicklungen bewirken. Selbst Kritiker wie Marx, Engels und Lenin waren diesem vielschichtigen Wachstumsglauben verfallen.

Die westeuropäische Realität sieht hingegen gar nicht mehr nach vielschichtigem Wachstum aus. Ich nenne jetzt ein Dutzend und mehr Aspekte von Schrumpfen. Sie alle wirken bereits seit vielen Jahren, sind also stabile Trends. Durch die tiefe Krise, die uns seit 2008 erfasst hat, werden sie noch verstärkt. Es ist aber wichtig zu erkennen: Schon ohne das aktuelle Desaster rutschen wir aus dem Wachstum in die Schrumpfung. Langsam, aber sicher – und nun auch noch schnell und verunsichernd. Und falls die Katastrophe der auf 2008 folgenden Jahre vorübergehen sollte, müssten wir weiter in diesen vielfältigen Schrumpfungen leben.

1. Da das Bevölkerungswachstum auf der Erde unvermindert anhält, schrumpft Europa im Verhältnis zu den Wachstumskontinenten Asien und Afrika. Das bringt auch einen Bedeutungsverlust dieses Erdteils in der globalen Politik. Aber Europas Bevölkerung schrumpft nicht nur relativ, sondern auch in absoluten Zahlen: Bis 2050 werden die 25 EU-Staaten zehn Prozent weniger Einwohner haben als 2006. In dieser Zeitspanne wird die deutsche Bevölkerung um etwa 17 Prozent geschrumpft sein. Dann wird nur noch jede(r) achte Deutsche ein Kind sein. Kinder werden also zur exotischen Randerscheinung.

2. Zugleich mit dem Geburtenrückgang wächst die Zahl der Alten. Von ihnen gehören immer mehr zugleich zur ebenfalls wachsenden Gruppe der Armen.

3. Der Gesellschaft geht die Berufsarbeit aus. Wer nicht ganz arbeitslos bleibt, rutscht aus dem festen Job in prekäre und befristete Anstellungsverhältnisse. Je stärker die Wirtschaft globalisiert und automatisiert wird, desto mehr Billig- und Leiharbeitsjobs und befristete Arbeitsverhältnisse entstehen in Westeuropa. Dieser Trend ist unabhängig von Konjunktur-Hochs oder -Tiefs. Der Anteil der Geringverdiener in Deutschland stieg zwischen 1995 und 2005 von 15 auf 22 Prozent der Beschäftigten; dieser Trend setzt sich fort.

4. Was jetzt manchmal noch wie Wirtschaftswachstum aussieht, verdankt sich in ganz vielen Fällen einfach dem maximierten öffentlichen Kreditwesen oder basiert auf faulen Krediten von Banken. Wenn da in der Gegenwart tatsächlich noch etwas wächst, geht das auf Kosten der Zukunft.

5. Zum zentralen Faktor wird die Aufhebung des Wirtschaftswachstums durch ökologische Großprobleme: die extreme Verknappung der Ressourcen – vom Getreide über das Wasser bis zum Erdöl – und

gleichzeitig der Artenschwund und das Aus-der-Balance-Geraten der Biosphäre mit dem rasanten Klimawandel. Das alles nicht nur mit ökologischen, sondern sozialen Folgen: Wassermangel und Wüstenbildung bedeuten das Schrumpfen des nutzbaren Landes und lösen neue Armut und neue Völkerwanderungen aus.

6. Seit Mitte der 1990er-Jahre rutschen in Deutschland Teile der wohlhabend gewordenen Mittelschicht an den Rand. Zwischen 2000 und 2006 schrumpfte diese um zehn Prozent. Erhebliche Preissteigerungen für knapp werdende Ressourcen werden diesen Prozess verstärken. Zwischen 1990 und 2008 hat sich die Zahl der überschuldeten oder von Zahlungsunfähigkeit bedrohten Haushalte fast verdoppelt: von 2 400 000 auf 4 200 000. In den Jahren 2009 und 2010 nimmt sie sprunghaft zu.

Im Jahre 2050 werden (nach Schätzungen, die vor der großen Rezession gemacht wurden) 40 Millionen Menschen in Deutschland in Armut leben beziehungsweise von ihr bedroht sein.

7. Die Staatseinnahmen gehen (außer in Ausnahmejahren) zurück. Zudem hat der Staat sich in irrsinnigen Höhen verschuldet. Selbst in den wenigen glücklichen Ausnahmejahren reichen seine Mehreinnahmen nicht, um die Staatsschulden abzubauen.

8. Die Wahlbeteiligung sinkt und sinkt. Die einstige demokratische Grundhandlung des Wählen-Gehens wird allmählich zum Hobby einer Minderheit. Das macht das System instabil.

9. Der Nationalstaat wird zur Randerscheinung einer global agierenden Wirtschaft und zu deren Bittsteller oder auch zum provinziellen »Pressesprecher« des global agierenden Kapitalismus, »bestenfalls« zu dessen nützlichem Idioten. Selbst wenn er, wie seit 2008, von maroden Großfirmen angebettelt wird, ist er nicht mehr Herr des Geschehens.

10. Das Verschwinden verbindlicher Verhaltensnormen und von Bildungssubstanz kommt hinzu. Es gibt so gut wie keine verbindlichen Werte mehr wie Toleranz, Hilfsbereitschaft, Rücksicht. Die Allianz von Individualisierung plus Ellenbogengesellschaft hat das Ge-

fühl dafür stark zurückgedrängt. Man muss von moralischer und emotionaler Verarmung sprechen – und die ist teils mit materieller Verarmung verbunden, tritt aber teilweise auch bei materiell Reichen auf. Viele, die sich unmoralisch verhalten, nehmen das gar nicht mehr an sich selbst wahr. Die Individualisierung hat uns auch Gruppen- und Bindungsfähigkeit abtrainiert, Eigenschaften, die gerade in harten Zeiten überlebenswichtig sind.

Parallel zum Gemeinschafts- und Werteverlust der Bildungsverfall. Die Spitze des Eisberges: In Deutschland sind zehn Prozent der Schüler funktionale Analphabeten, ebenso vier Millionen Erwachsene. Es steigt auch die Zahl von Reichen, die ihre bildungsunwilligen wohlstandsverwahrlosten Kinder in Sondergymnasien mit viel Geld zum Abitur schummeln.

11. In dieser Gesellschaft des Verrandens und Verarmens (auch des moralischen Verarmens) gehen schon ganz lange der Einfluss, die Mitgliederzahl und die Substanz der Kirchen zurück. Bei den verbliebenen Christen selbst herrschen Ungewissheit des Glaubens, eine weicher werdende Moral und eine eher diffuse Hoffnung.

12. Die Gewerkschaften verlieren kontinuierlich an Bedeutung. Die Etablierung der neuen »Klasse« der dauerhaft Arbeitslosen haben sie verschlafen und damit eine immer wichtiger werdende Klientel verloren. Und das Entstehen eines internationalisierten Kapitalismus haben sie nicht mit ihrer eigenen Internationalisierung beantwortet.

Auf vielerlei Art und Weise bröckelt, zerbricht an den Rändern der Gesellschaft das Fundament ebendieser Gesellschaft. Und diese Ränder werden breiter und breiter. Dort entsteht soziale, kulturelle und ökologische Brache.

Ulrich Beck hat 2005, auf die Hartz-IV-Gesetze bezogen, Formulierungen gefunden, die sehr gut auf das viel umfassendere Schrumpfen bezogen werden können, von dem hier die Rede ist: »Diesem ›Deutschland des Mehr‹ dämmert schmerzhaft die Erfahrung, sich in eine Gesellschaft des Weniger zu verwandeln ...

Es gelingt nicht mehr, das Weniger als ein Zwischentief abzutun ... An die Stelle von Verheißungen sind Angstszenarien getreten – auch weil wir letztlich wissen: Es gibt diesen Zwang zum Weniger.«
Wenn Beck seine Beschreibung nicht auf die vergleichsweise überschaubaren Folgen der Hartz-IV-Gesetze beschränkt hätte, könnte man seine Sätze für eine Prophetie auf 2008/2010 halten.

Die Abwärtsentwicklung in Deutschland ist eben sehr vielschichtig und mehrdimensional. Und nicht nur das; sie ist auch zu einem unentwirrbaren Knäuel geworden. Schrumpfung A macht es schwerer, gegen Schrumpfung B etwas zu tun. Oder wenn C dann doch wieder wächst, schrumpfen dennoch D bis K weiter. Und so weiter. Diese Vieldimensionalität ist noch gar nicht im Bewusstsein der Gesellschaft angekommen. Schrumpfung, Bröckeln, Schwund, Rückgang und Marginalisierung werden allzu oft nur partiell gesehen und benannt. So wurde in Deutschland das Schrumpfen eigentlich erst ein öffentliches Thema, als zwei große Ausstellungen »Schrumpfende Städte« gezeigt wurden (Berlin 2004 und Leipzig 2005). Gerade an einem Gegenstand, bei dem man eigentlich Konzentration und Agglomeration assoziiert, konnte man den Niedergang von Innenstädten, das Veröden von Neubaustädten sowie das Wabern suburbaner Reihenhaussiedlungen besichtigen. Vielen anderen Autoren geht es nur um das demografische Schrumpfen. Oder nur um die wirtschaftliche Rezession. In der aufgeregten Berichterstattung und Kommentierung von 2008 und 2009 wird oft der Eindruck erweckt, als überfalle uns das Schrumpfen jetzt ganz urplötzlich und als würden alle anderen Schrumpfungen vom Zusammenklappen der Wirtschaft ausgehen. Aber das ist durchaus nicht der Fall. Es ist vielmehr viel schwieriger: Der Kollaps der kapitalistischen Wirtschaft ist nur ein Glied in der langen Kette der Schrumpfungen, die ich oben aufgezählt habe. Und darum darf man, wenn eine heftige Wirtschafts-Rezession zu Ende geht, auch nicht mit dem Wiederkommen der Wachstumsgesellschaft rechnen. Die Einheit von Wachstumswelt und Kapitalismus hatte in der Vergangenheit beide stark gemacht. Jetzt sorgt sie dafür, dass das Ende von beiden unausweichlich ist.

In der Diskussion kommt auch der Zusammenhang der genannten vielen Schrumpfungen mit der allgemeinen Verringerung der ökologischen Stabilität, dem Arten- und Ressourcenschwund und dem Klimakollaps völlig zu kurz. Es geht dabei um Folgendes: Ohne zunehmende Ressourcenausbeutung ist ein zunehmendes Wirtschaftswachstum noch nie möglich gewesen; aber der Endeffekt sind sowohl ökologische Kollapse wie auch ökologische Knappheit. Diese gefährden letztlich das Wirtschaftswachstum oder machen es unmöglich. Der Zusammenhang zwischen Ressourcenschwund und Wirtschafts- und Wohlstandsschwund spricht also ganz deutlich dafür, dass das Verschwinden des Wachstumsmodells dauerhaft und das Ende der Wachstumsgesellschaft unwiederbringlich ist.

Weil das Schrumpfen auf allen Ebenen erfolgt, sind Schluss-Folgerungen unumgänglich, also Folgerungen, die das Ende der Wachstumswelt wirklich anerkennen. Denn das Kippen eines Systems kann man nicht aufhalten mit der Philosophie dieses Systems, mit Kurskorrekturen innerhalb des Systems, mit dem Beschwören des Wachstums (auch eines modifizierten Wachstums) und dem Weitermarschieren auf einem Weg, den es nicht mehr gibt.

Literaturhinweise

Beck, Ulrich: Die Utopie des Weniger. In: Psychologie heute. Oktober 2004, S. 32-35

Ders.: Die Gesellschaft des Weniger. In: Süddeutsche Zeitung, 3. Februar 2005, S. 15

Bourdieu, Pierre, u. a.: Das Elend der Welt. Zeugnisse und Diagnosen alltäglichen Leidens an der Gesellschaft. Studienausgabe. Konstanz 1997 (Originaltitel Paris 1993: La Misère du Monde)

Gensichen, Hans-Peter: Auf dem Weg in eine Gesellschaft des Weniger. Brüssel 2008, 2. Aufl. 2009

Oswald, Philipp, u. a. (Hrsg.): Schrumpfende Städte. Ostfildern-Ruit. Bd. 1: Internationale Untersuchungen, 2004; Bd. 2: Handlungskonzepte, 2005 (Ausstellungskataloge)

Tutt, Cordula: Das große Schrumpfen. Berlin 2007

3.

Der Kapitalismus kollabiert

In diesem Kapitel wird der aktuelle Niedergang des Kapitalismus nicht, wie in letzter Zeit so oft, als Auslöser anderer Niedergänge dargestellt. Sondern der Kapitalismus-Niedergang wird als eine der vielen Schrumpfungen gesehen, als ein weiteres Schwinden neben den oben schon dargestellten. Der Absturz des Kapitalismus ist ein Teil des Zusammenbruchs der Wachstumswelt. Weil dieser, wie oben dargestellt, auf so vielen Ebenen schon längst stattfindet (Sinken der Geburtenrate, Schrumpfen der Mittelschicht und des Mittelstandes, Sinnkrise der demokratischen Institutionen, Aushöhlung von Verhaltensnormen usw.), bedarf es gar keines gesonderten revolutionären Subjektes mehr, welches, von außen kommend, den Kapitalismus zu Fall bringen müsste. Ein solches Subjekt ist ja auch gar nicht in Sicht. Und auch das gilt: Weil auf so vielen Ebenen langfristig geschrumpft und abgerutscht worden ist, ist nicht abzusehen, welche Kraft von wo kommen sollte, welcher Hebel wo und von wem angesetzt werden könnte, um die Talfahrt des Kapitalismus in einen neuen Aufstieg zu verwandeln – oder um den Kapitalismus sozial und ökologisch zu gestalten und so neu zu legitimieren.

Da der Absturz des Kapitalismus jedoch ein herausragender Teil des Wachstums-Endes ist, folgt hier eine gesonderte Darstellung.

Der Gesellschaftswissenschaftler Wim Dierckxsens hat schon vor Jahren beschrieben, wie der globale marktradikale Kapitalismus sein

Ende selbst herbeiführt. Er stellt das so dar, als habe er die Zusammenbrüche von 2008 ff. schon erlebt:

1. Immer mehr wird auf das Wachstum des internationalen finanziellen Kapitals hingearbeitet. Von dem Gewinn, der dort erzielt wird, haben die Gesellschaft und auch die Wirtschaft immer weniger. Zwischen 1990 und 2006 ist das Verhältnis von Finanzanlagen zum Sozialprodukt weltweit von 109 auf 316 Prozent gestiegen. Nur noch zu einem Bruchteil geht es dem globalen Kapitalismus um den realen Markt mit realen Produkten. Wenn aber Produkte und Dienstleistungen eine immer geringere Rolle spielen, hebelt das schließlich auch das Finanzwachstum aus.

2. Die Art, wie heute global mit Finanzmengen spekulativ umgegangen wird, birgt große Risiken in sich: überbewertete Aktien, hochspekulative Fonds, Kredite, die nicht zurückgezahlt werden können – Blasen, die irgendwann platzen. Sie platzen allerdings erst, wenn sie riesengroß geworden sind – und dann mit umso lauterem Knall.

3. Eine Bankenkrise wird sehr schnell zu einer Krise der Realwirtschaft – und umgekehrt ebenso. Und eine Rezession/Depression im Jahrhundert der Globalisierung kann nur noch eine globale sein bzw. ganz schnell zu einer globalen ausufern, zu einer Krise von weltweitem Ausmaß. Denn es gibt keine Nischen mehr, in denen sich »gutes« Kapital oder solide Firmen verstecken könnten. Seit 2007/2008/2009 ist das überdeutlich: Die amerikanische Immobilienkrise führte weltweit zum »Verschwinden« von gigantischen Billionen Euro – und das zum Verschwinden von Millionen Arbeitsplätzen!

4. Die Lebenszeit technischer Güter und Verfahren wird ständig verkürzt. Dadurch sind technische Innovationen heute bereits dabei, sinnlos und kontraproduktiv zu werden. Denn die Anschaffung der neuesten Technik in immer kürzeren Abständen kostet immer mehr und immer häufiger Geld – und immer auch Arbeitsplätze. Im privaten Bereich gilt ein zehn Jahre altes Computer-Betriebssystem bereits als antik und sein Nutzer als Nostalgiker.

Dieser vierte Punkt ist Teil eines umfassenden Phänomens: der Beschleunigung. Diese hat die ganze Gesellschaft erfasst, nicht nur die Industrie, und sie ist nicht nur ein technisches, sondern auch ein psychisches und moralisches Problem. Beschleunigung von Prozessen heißt Schrumpfung der Gegenwart – eine weitere Schrumpfung, die vielen von den im zweiten Teil genannten Schrumpfungen zugrunde liegt.

Neben oder statt Wim Dierckxsens hätte ich auch andere Kritiker zitieren können: Robert Kurz (Schwarzbuch Kapitalismus. Ein Abgesang an die Marktwirtschaft, 1999), Elmar Altvater (Das Ende des Kapitalismus ..., 2005), Max Otte (Der Crash kommt, 2006) oder George Soros (The New Paradigm for Financial Markets ..., 2008).

Die beiden bedeutendsten Folgen der wirtschaftlichen Erfolgsgeschichte des Kapitalismus bzw. Imperialismus sind Zertrümmerungen: die extreme Verknappung der Ressourcen und zeitgleich mit dieser die Klimakatastrophe. Das sind Zertrümmerungen jener Fundamente, auf denen die Zertrümmerer stehen. Dabei zeugen sowohl das Stattfinden des Klimawandels wie auch die Rohstoffverknappung vom Versagen der kapitalistischen »Marktwirtschaft«: Ein »Markt«, der nicht rechtzeitig gemerkt hat, worauf sein Umgang mit den für ihn lebenswichtigen Ressourcen hinausläuft, führt sich selbst ad absurdum. Er ist kein Markt für das 21. Jahrhundert.

Zum anderen wird Wirtschaftswachstum ganz und gar unmöglich, wenn weiter so wenig gegen den Klimawandel und die Ressourcenvernichtung getan wird wie gegenwärtig: weltweite Schäden von vielen Milliarden US-Dollar, Hunderte Millionen Flüchtlinge aus unbewohnbar gewordenen Gebieten, ein Rückgang des weltweiten Bruttosozialprodukts um ein Viertel. Das wird den Turbokapitalismus endgültig unmöglich machen.

Mit der alten kommunistischen Vorstellung von einem Kampf der Unterdrückten gegen den Kapitalismus und deren glücklichem Sieg über ihn hat das jedoch nichts zu tun. Heute und morgen wird es keine Bewegung mit einem Programm wie einst dem von Marx, Engels und Lenin geben. Und es wird keine Sieger geben, sondern Verlierer über Verlierer. Das doppelte Scheitern (des Wachstumsmodells und des Kapitalismus) ist dennoch revolutionär – diesmal wirklich weltrevolutionär. Dabei sind es nun aber die Kapitalisten und ihre Helfer selbst, die die Revolution verursacht haben, nicht die Arbeiterklasse oder andere Unterdrückte. Marx sprach noch von der Expropriation der Expropriateure. Jetzt jedoch findet deren Autoexpropriation statt. Der Krug, der so lange zu Wasser gegangen ist, wird nicht zerbrochen, sondern zerbricht sich selbst. Und das alles geschieht, natürlich, ohne den Willen zum Zerbrechen, sondern als unbeabsichtigte »Neben«wirkung.

Zur Selbsterledigung des uns bekannten Kapitalismus der immer »liberaleren« Marktwirtschaft gehört, dass dieser a) die gesellschaftlichen Tatbestände immer weniger versteht, b) sie immer mehr ignoriert und c) sie dabei immer mehr beschädigt und zerstört. Dieses mehr und mehr asoziale Wesen hat sein Pendant in der Asozialität der Superreichen bzw. dem Abgehobensein der Konzernführer und ihrer Berater. Sowohl deren eigenes Leben wie auch ihre Argumentation über das Leben der Gesellschaft finden schon jetzt außerhalb bzw. jenseits der real existierenden Gesellschaft statt. (Etwa so wie bei der französischen Königin Marie Antoinette: Als sie erfuhr, dass ihre Untertanen kein Brot hätten, machte sie den Vorschlag, dann sollten sie doch Kuchen essen.) Man lebt in luxuriösen und bewachten Ghettos, Gated Communities, schickt seine Kinder auf spezielle Internate, fliegt nicht mit Linienmaschinen, sondern nur im eigenen Jet. Man deponiert sein Geld nicht im Inland. Steuern zahlen ist unter der Würde. Man lebt, wie man denkt. Die soziale Beziehungslosigkeit ist mithin perfekt. Diese Leute sind die wahren Ausländer unserer Gesellschaft, desintegriert wie sonst niemand. Immer neue Meldungen von

Geldgier und unmoralischen bis gesetzlosen Machenschaften in großen Ausmaßen führen dazu, dass die gesamte Schicht als der Aussatz der Gesellschaft wahrgenommen wird. So begann man während des großen Finanzcrashs 2008, die Banker »Bankster« zu nennen. Vor einer Generation hießen sie noch »Bankiers«.

Mit gesellschaftlichem Vertrauen kann kein solcher Superreicher mehr rechnen. Während früher der Kapitalist vor Ort noch für seine Mitarbeiter »Vorbild« war – oder doch wichtiges Objekt eines konkreten Hasses –, spielen der globalisierte Superkapitalist und sein Top-Manager gar keine erkennbare soziale Rolle mehr. Die meisten Mitarbeiter eines Konzerns arbeiten dort, wo die Konzernleitung nicht sitzt, wohin sie sich nicht verirrt und wohin sie auch nicht denkt; und für die Politiker, die auch von den Konzernmitarbeitern gewählt worden sind, ist eine solche Konzernleitung gar nicht greifbar. Es gibt in jeder Hinsicht null Berührungen; und wenn der Konzern sich zu irgendetwas äußert, glaubt ihm keiner ein Wort. Auch die alte Hassliebe (als Tellerwäscher hasst man den Millionär, möchte aber doch gerne wie er werden) kann es nicht mehr geben. Das Spiel »Wer wird Millionär?« ist ausgespielt. Das ändert noch nichts an der enormen Machtfülle des Kapitals; diese bleibt jedoch merkwürdig »unscheinbar«. (Hannah Arendt sprach von »Niemandsherrschaft«.) Diese Herrschaft wird fast als Naturgesetz empfunden, ist dabei aber auch sehr abstrakt – etwa so abstrakt wie einst die Existenz des »Volkseigentums an den Produktionsmitteln« in den sozialistischen Staaten.

Die Klasse bzw. »Kaste« der Kapitalisten implodiert so, wie der Kapitalismus implodiert. Die Verluste am Aktienmarkt und (parallel dazu) die Verluste an Glaubwürdigkeit besorgen das. Vielleicht erfolgt das so allmählich und zivil wie der Bedeutungsverlust des englischen Adels, vielleicht gibt es bei einem weltweiten Finanzcrash ein großes Milliardärs-Verschwinden, vielleicht mutieren einige Groß-Manager zu fleißigen Leitern von staatlichen oder halbstaatlichen Betrieben, die dann womöglich in asiatischer Hand sind. Oder manche Milliardärssöhne werden ordentliche Skilehrer dort, wo sie hoffen, dass ihre

Väter unbekannt geblieben sind. Wenn dann dort überhaupt noch Schnee fällt ...

Aber es ist müßig, sich diese Lebenswege konkret vorstellen zu wollen. Ebenso müßig ist die Frage, ob nicht vielleicht doch einzelne Elemente des Kapitalismus in einer zukünftigen Gesellschaft erhalten bleiben werden. Sie werden das wohl, aber sie werden dann in einer Schrumpfungsgesellschaft fortleben, also in völlig anderem Zusammenhang. Im sechsten, auch im fünften Teil dieses Buches beschreibe ich, wie an den Rändern der Wachstumsgesellschaft gerade eine neue Zivilisation entsteht – und die und deren Neues ist interessant, nicht jedoch eventuelle rekonstruierte oder rekultivierte Teileelemente des Kapitalismus.

Schließlich Anmerkungen zur Religion des Wachstumsdenkens und des Kapitalismus. (Ich sehe da nicht *zwei* Religionen, sondern *eine,* so wie ich das Ende der Wachstumsgesellschaft und das Ende des Kapitalismus als *ein Ende* sehe.)

Für beide gibt es keine Grenzen, es gibt nur ständige Grenzüberschreitungen. An die Stelle eines ewigen Gottes, des jenseitigen Absoluten, das wir nie erreichen können – an dessen Stelle tritt der nicht endende Komparativ im Diesseits. Und da es tatsächlich immer wieder Fortschritte gegeben hat, schlussfolgert man, dass das immer so weiter möglich sein werde. Mehr – und davon immer mehr – und das immer schneller – und das für immer mehr Beteiligte. Das ernsthaft für möglich zu halten ist nichts anderes als ein Glaube: Ewigkeit und ewiges Wohl im endlichen Diesseits. Es ist tatsächlich irrational und auch unrealisierbar. Ein Irrglaube, der allein schon an den ökologischen Tatsachen zerbricht: Die Erde ist endlich!

Wachstumsideologie und Kapitalismus = a) zerstörerischer, b) selbstzerstörerischer Irrglaube.

1921 hat Walter Benjamin auf das Religiöse im Kapitalismus hingewiesen. Es besteht für ihn darin, dass der Kapitalismus seinen Gläubigen eine gnadenlose und ununterbrochene Anspannung abverlangt, deren Ziel die stetige Steigerung ist: das »Mehr« in jeder Hinsicht. Aber gerade dieser unendliche Komparativ, der das Heilsversprechen des Kapitalismus ist, ist destruktiv. Die Religion des Kapitalismus ist nicht, wie Religionen sonst immer, auf die »Reform des Seins, sondern dessen Zertrümmerung« ausgerichtet. Gerade darin sieht Benjamin das Unerhörte dieser Religion. Sie zerstört das, was ihr im Wege steht, sie zerstört sich selbst, den Kapitalismus; und sie zerstört die ganze Erde.

Wenig später als Benjamin (1945 und 1949) hat Alexander Rüstow die Religion der Marktwirtschaft so gekennzeichnet: Eine »unsichtbare Hand« steuere die Handlungen der einzelnen Akteure des Marktes so intelligent, dass alle ihre Handlungen zusammen (also: der Markt) Gutes, Fortschritt und Wohlstand für immer mehr Menschen hervorbrächten. Was man heute als »unentrinnbare Eigendynamik« des Marktes bezeichne, sei ursprünglich als von Gott selbst gesetzte unsichtbare Wirtschaftsverfassung gedacht worden. Also auch hier eine theologisch-metaphysische Begründung des Kapitalismus – mit der Konsequenz, dass ein Eingreifen in diese Vorgabe Gottes, zum Beispiel seitens des Staates, nur negative Auswirkungen haben könne.

Peter Sloterdijk hält nicht nur die Historie von Kapitalismus und Marktwirtschaft für religiös, sondern gerade auch deren Gegenwart. Er spricht 2009 von einer Harry-Potter-Welt: Mit seinen Finanzblasen agiert der globale neoliberale Kapitalismus so, als ob er, wie Harry Potter, Zugang zu einer »wirklich existierenden« Welt habe, die nicht nur real sei, sondern auch Wunder wirke. Den Millionen meist jungen Lesern wird dabei suggeriert, auch sie könnten in diese Zauberwelt eintreten.

In einem einzigen Satz formulierte Brasiliens Präsident Lula da Silva 2009 die Religiosität wie auch das Scheitern des Kapitalismus: »Der Gott Markt ist bankrott gegangen.«

Literaturhinweise

Baecker, Dirk (Hrsg.): Kapitalismus als Religion. Berlin 2003. Darin auch: Benjamin, Walter: Kapitalismus als Religion (Fragment von 1921), S. 15-18

Dierckxsens, Wim: The Limits of Capitalism. An Approach to Globalization without Neoliberalism. London 2001

Ders.: Zur Notwendigkeit einer neuen Utopie. Das unvermeidliche Scheitern von Neoliberalismus und Kapitalismus. In: concilium, 40. Jg., 2004, H. 5, S. 507-519

Kurz, Robert: Schwarzbuch Kapitalismus. Ein Abgesang an die Marktwirtschaft. München 1999

Latouche, Serge: Die Unvernunft der ökonomischen Vernunft. Vom Effizienzwahn zum Vorsichtsprinzip. Berlin/Zürich 2004

Ders.: Survive au developpement. Paris 2004

Rüstow, Alexander: Die Religion der Marktwirtschaft. Mit einem Nachwort von Sybille Tönnies. München 2001

4.

Die Theologie der Befreiung gegen die Superkrise

Das Desaster, dem wir ausgesetzt sind, kann aufgehoben werden. Das heißt, dass es nicht »abgewendet, also verhindert werden« kann. Dafür ist es ja auch schon zu spät. Sondern: Eine Entwicklung, eine Situation wird »aufgehoben«, wenn man sie nicht zu verhindern sucht, sondern sie ergreift und etwas aus ihr macht, was zuvor nicht zu erkennen war und was man sich auch »niemals« zugetraut hätte. Vielleicht so, wie man eine Melodie von C-Dur nach H-Dur transponieren kann und zusätzlich von der Posaune auf das Cello. Das klingt dann ganz anders. Der Klang bekommt eine neue Qualität.

In den Siebzigerjahren des 20. Jahrhunderts entstanden allgemein Befreiungstheorien – zuerst in den armen Ländern im Süden der Welt. Meist wurden sie von Theologen geschrieben. Das Buch »Theologie der Befreiung« des peruanischen Katholiken Gustavo Gutiérrez erschien zuerst 1968, dann in deutscher Sprache 1973 – und in zehnter deutscher Auflage 1992. Bei uns sehr bekannt geworden ist der Mönch, Lyriker und Politiker Ernesto Cardenal und sein »Evangelium der Bauern von Solentiname«. Cardenal schreibt mitten aus der sandinistischen Revolution, dem Kampf gegen die Diktatur des nicaraguanischen Somoza-Regimes. Gut und umfassend wird man über die südliche Befreiungstheologie informiert in der Aufsatzsammlung

»Mysterium Liberationis«, die auf Spanisch und auf Deutsch erschien. Die Schicksale der beiden Herausgeber sind bezeichnend. Der eine von ihnen, der Jesuitenpater Ignacio Ellacuría, wurde 1989, zusammen mit fünf Ordensbrüdern, im Wohntrakt der von ihm geleiteten Jesuitenuniversität in San Salvador von Soldaten ermordet. Der andere, Jon Sobrino, wurde 2007 (schon 69-jährig) vom Vatikan wegen seiner Theologie gemaßregelt.

Die südlichen Befreiungstheologen wollen, dass alle bisher ausgeschlossenen Menschen Anteil erhalten an den Ressourcen dieser Erde – den materiellen, ökologischen, kulturellen, geistigen und politischen. Das ist und bleibt gerecht. Die zentrale biblische Erzählung für diese Theologie ist die vom Auszug des Volkes Israel aus dem Land der Gefangenschaft (Ägypten) nach Palästina, dem Land von Selbstbestimmung und Freiheit, dorthin, wo »Milch und Honig fließt«. Ein anderer wichtiger Bibeltext (aus dem Neuen Testament, genauer: aus dem Lukasevangelium, Kapitel 1) ist der Lobgesang der Maria, das »Magnifikat«, mit den Sätzen »Gott stößt die Machthaber vom Thron und erhebt die Niedrigen. Die Hungernden sättigt er mit Gutem und lässt die Reichen leer ausgehen ...«

Eine Gegenüberstellung des von Luther übersetzten Textes mit einem peruanischen Marienlied von heute zeigt, wie der Lobgesang der Maria dort verstanden wird; das Lied ist voller Zeitgenossenschaft und Zeitgemäßheit.

Meine Seele erhebt den Herrn, und mein Geist freut sich über Gott, meinen Heiland; denn er hat seine Magd in ihrer Niedrigkeit angesehen. Siehe, von nun an werden mich alle Geschlechter selig preisen. Denn er hat Großes an mir getan, der

Voll Freude sing ich dem Herrn, meinem Retter. Er schaut auf sein armes Bauernmädchen, das ausgenutzt wird und leidet.

Jetzt werden all die vielen zu mir sagen: »Gott hat dir geholfen.« Er ist gut, und er steht auf der Seite der Armen.

mächtig ist und dessen Name heilig ist. Und seine Barmherzigkeit währt von Geschlecht zu Geschlecht bei denen, die ihn fürchten. Er vollbringt machtvolle Taten mit seinem Arm und zerstreut alle, die in ihrem Herzen hochmütig sind. Er stößt die Machthaber vom Thron und erhebt die Niedrigen. Die Hungernden sättigt er mit Gutem und lässt die Reichen leer ausgehen. Er denkt an seine Barmherzigkeit und nimmt sich seines Dieners Israel an, wie er es unsern Vätern zugesagt hat, Abraham und seinen Nachkommen in Ewigkeit.

Wir wissen jetzt: Er ist groß, den groben Angeber hat er verjagt. Die Unterdrückten richtet er auf, und die Herren bringt er zu Fall.

Er gibt Brot denen, die Hunger haben, und die Reichen tritt er mit Füßen.

Wie er's gesagt hat, immer kämpft Gott an der Seite des Volkes.

Wir wollen weiterkämpfen und den Sieg unseres Gottes besingen. Alle Armen stehen zusammen. Nie werden wir besiegt.

Dieses peruanische Lied zeigt, was kontextuelle Exegese aus der Perspektive der Unterdrückten und Benachteiligten ist, also wie man in den südamerikanischen Basisgemeinden und in der dortigen Befreiungstheologie die uralte Bibel versteht, stark vom heutigen Lebenszusammenhang her: Niedrigkeit Marias – armes Bauernmädchen, das ausgenutzt wird; Machthaber / Niedrige – Herren / Unterdrückte; »er nimmt sich seines Dieners Israel an« – »er kämpft an der Seite des Volkes«.

Nur gering variiert der Apostel Paulus das Magnifikat, wenn er schreibt: »Das Geringe vor der Welt und das Verachtete hat Gott erwählt, das, was nichts ist, damit er zunichte mache, was etwas ist ... (1. Kor. 1, 28 f).

Wir in Westeuropa schau(t)en diese Theologien an wie im Fernsehen und ließen/lassen sie gelten für jene Länder, aus denen sie kamen. Also für Länder, deren Bruttoinlandsprodukt weit unter dem unseren liegt, die meist sehr undemokratische Regierungen haben und deren Kapitalisten noch viel offener ausbeuterisch sind als die des Nordens. Dort verfügen die Armen kaum über ein Zehntel dessen, was Armen im Nordwesten zur Verfügung steht. Das, wofür im Süden gekämpft wird, ist bei uns selbstverständlich für alle: kostenlose Schulbildung, sauberes Wasser, ordentlich behandeltes Abwasser, Straßenbeleuchtung, Gesetze und Behörden, auf die man sich einigermaßen verlassen kann, Sozialhilfe für den Ernstfall, Suppenküchen für die Ärmsten, gleiche Rechte für Frauen und Männer. Für uns Grundgegebenheiten.

Der materielle Niveauunterschied von zehn zu eins trennt uns vom Süden wirklich fundamental. Das nordwestliche Entwicklungsniveau, an dem sogar unsere Armen noch partizipieren, hängt aufs Stärkste von der Ausbeutung des Südens ab. Den Wohlstand für Hunderte Millionen im Norden gibt es nur aufgrund der Ausbeutung von Milliarden im Süden. Anders gesagt: Die bis heute nicht überwundene Unterentwicklung des Südens zeigt, dass dessen koloniale Ausbeutung bis heute glatt fortgeschrieben worden ist; und die Gegenleistungen, die bisher vom Norden in den Süden kommen, sind nicht geeignet, die Lage des dortigen Volkes grundsätzlich und gründlich zu verbessern. Die südlichen Befreiungsphilosophen und -theologen haben das in der Dependenztheorie reflektiert: Dependenz = Abhängigkeit. Abhängigkeit des armen Südens vom reichen Norden.

Die Dependenztheorie, in den 1960er-Jahren in Lateinamerika entstanden, versucht die Abhängigkeit der »Dritten« Welt von der »Ersten« zu erklären. Ihre Vertreter betonen, dass die Kolonialisierung die Länder des Südens drittklassig gemacht hat und dass die Stärke der »Ersten« Welt bis heute das Entwicklungsniveau des Südens niedrig halte. Ungleiche Handelsbedingungen (Terms of Trade) sorgten dafür.

Gegenstimmen sehen die Ursachen stärker im Süden selbst: dortige interne Bedingungen und kulturelle Gewohnheiten. Auch wird das Stärkerwerden einzelner Länder (Tigerstaaten, Pantherstaaten) als Beleg angeführt, dass die Dependenztheorie zu einseitig argumentiere.

In der globalen Krise der Jahre nach 2008 wird sich zeigen, ob die Dependenz des Südens vom Norden noch zunimmt oder aber ob ein geschwächter Norden mehr und mehr vom Süden abhängig wird. Anzeichen für Letzteres gibt es bereits.

Jedenfalls wird in nördlichen Diskussionen über Armut im Norden der große Niveauunterschied zwischen nördlichen und südlichen Armen allzu oft und allzu gerne ausgeblendet. Immer wieder wird so getan, als seien die nördliche Form von Armut und die südliche irgendwie vergleichbar oder auf einer Ebene miteinander und man könne, mit einer Seele in der Brust, gegen beide Armutsformen gleichgewichtig eintreten: innereuropäisch gegen die europäische und weltpolitisch gegen die südliche. Und so wird noch immer (und mit den gleichen Vokabeln) eine Eliminierung der Armut im Nordwesten parallel zu der im Süden gefordert. Wie anders aber die nordwestliche Armut ist als die südliche, macht schon der erwähnte Niveauunterschied von zehn zu eins klar: Nördliche Arme sind reich in den Augen südlicher Armer. Zusätzlich zeigt aber auch die unterschiedliche Art der Armutsmessung, wie andersartig nördliche und südliche Armut sind: Für den Süden wendet man nämlich die Messlatte »zwei Dollar pro Tag« an, um extreme Armut zu konstatieren, für Europa aber benutzt man den Maßstab »40 Prozent des Durchschnittseinkommens«, um von dem »Gleichen« zu sprechen. Das ist sehr verrückt, denn in Deutschland lebt man in extremer Armut mit (umgerechnet) etwa 20 US-Dollar (Netto) pro Tag. So etwas vor Augen, dürfen wir nicht mehr so tun, als handle es sich da um *ein* Phänomen. Nein, es sind *zwei*, und diese zwei sind nicht einmal Parallelen: Die Armut bei uns, auch wenn sie schwer zu ertragen ist, ist doch etwas grundsätzlich anderes als die des Südens.

Das Ziel Bekämpfung oder Eliminierung der Armut macht mithin für den Nordwesten keinen Sinn mehr. Die globale Sicht (die wir heute haben können) auf milliardenfache Schwerstarmut und milliardenschweren Reichtum verbietet uns dieses Ziel. Die Schrumpfungen, Rückgänge, Abstürze und Verrandungen, den Wohlstandsschwund des Nordens müssen wir anders angehen als mit dem alten Versuch, die Ärmer-Werdenden reicher zu machen – und auch anders als durch Beteuerungen, man wolle die schmelzende Mitte revitalisieren und »besserstellen«. Vielmehr müssen wir den Weg ins Weniger wirklich gehen – und ihn dabei moderieren, gestalten und auf diese Weise meistern. Würden wir es hingegen im Nordwesten wirklich schaffen, unsere Armut zu eliminieren, so würden wir damit die südliche extreme Armut nur zementieren und den Nord-Süd-Graben vertiefen.

Eine westeuropäische Befreiungstheologie muss ohne das Leitbild »Wachstum« und »wachsender Wohlstand« auskommen. Sie muss dazu beitragen, dass die Menschen die hiesigen Schrumpfungs- und Marginalisierungsprozesse unverstellt wahrnehmen, sie halbwegs heil überstehen und Verarmung und Verrandung meistern, steuern und gestalten – und schließlich umgestalten, transformieren zu einer Befreiung aus dem Gefängnis der Wachstumsreligion und in eine gelingende Randexistenz. Die Tatsache, dass wir von einer ungeliebten und schmerzhaften Bewegung nach unten erfasst worden sind, muss umformatiert werden – schließlich zu einem akzeptierten Projekt.

Für eine westeuropäische Theologie der Befreiung gibt es bisher keine wirklich weitreichenden Vorarbeiten. In Büchern über die südliche Befreiungstheologie, ob im Süden oder im Nordwesten herausgegeben, sucht man immer wieder vergebens nach Aussagen über eine strenge »Nordrelevanz« dieser lateinamerikanischen Innovation. Am ehesten hat der Tübinger katholische Theologe Norbert Greinacher 1980 und 1986 etwas dazu gesagt. Er nennt acht Elemente, die in einer nördlichen Befreiungstheologie nicht fehlen dürfen:

1. Das Eintreten gegen politischen, kulturellen und theologischen Neokolonialismus.

2. Die klare Option für die Armen in der »Dritten« und in der »Ersten« Welt.

3. Die radikale Infragestellung der Konsumorientierung im Nordwesten.
4. Die Etablierung eines einfachen Lebensstils im Nordwesten.
5. Das Überwinden der Entfremdung durch den Reichtum, die so typisch für den Nordwesten ist.
6. Das Eingeständnis, dass wir im Nordwesten zu den Ausbeutern des Südens gehören.
7. Die Kritik einer »Entwicklungshilfe«, die allzu oft nördlichem Eigeninteresse dient und dabei vor allem südliche Eliten fördert.
8. Die Kritik des realen kapitalistischen Weltwirtschaftssystems, das durch Ausbeutung und neue Armut seine strukturelle Sünde zeigt.

Diesen Kriterien suche ich in dem vorliegenden Entwurf zu entsprechen. Allerdings interpretiere ich Greinachers vierten und sechsten Punkt schärfer als Greinacher selbst: Zu den Ausbeutern des Südens gehören sogar die Armen des Nordens!

Das zeigt schon: Die hier vorgelegte Theologie der Befreiung wird streckenweise konträr zu der südlichen sein. Sie muss das; einfach darum, weil unsere Situation konträr zu der des Südens ist: eben durch den materiellen Niveauunterschied von zehn zu eins. Und gerade mit diesem Anderssein der nordwestlichen Befreiungstheologie entspricht sie der südlichen. Sie ist mit dieser über Kreuz verbunden; eng, aber über Kreuz. Bei allen Unterschieden – gerade indem sie sich dieser Unterschiede bewusst wird – wird eine Befreiungstheologie für Westeuropa dann doch solidarisch mit der südlichen sein und zu einem gemeinsamen Projekt mit ihr führen.

Was das heißt, welches »Projekt« das ist, hat niemand besser formuliert als der schon erwähnte Märtyrer Ignacio Ellacuría. Er schrieb kurz vor seiner Ermordung: »Die Zivilisation der Armut, basierend auf einem durch die christliche Inspiration umgeformten materialistischen Humanismus, lehnt die Akkumulation des Kapitals als Triebkraft der Geschichte und den Besitzgenuss des Reichtums als Prinzip der Humanisierung ab; sie macht die universale Befriedigung der Grundbedürfnisse zum Prinzip der Entwicklung und das Wachstum der gemeinsamen Solidarität zur Grundlage der Humanisierung.« Dieser Satz, etwas gekürzt, ist auch das Motto meines Buches. Er drückt genau aus, was ich in ihm sagen will; speziell im nächsten und übernächsten Abschnitt. Nur eben, dass Ellacuría den Aufbruch in eine Zivilisation der Armut fordert, während ich sage, dass uns gar nichts anderes übrig bleibt, als den Weg in eine Zivilisation der Armut zu gehen.

Literaturhinweise

Ellacuría, Ignacio: Utopie und Prophetie. In: Ellacuría, Ignacio, und Jon Sobrino (Hrsg.): Mysterium Liberationis. Grundbegriffe der Theologie der Befreiung. Luzern 1995, Bd. 1, S. 383-431

Fornet-Betancourt, Raúl (Hrsg.): Befreiungstheologie: kritischer Rückblick und Perspektiven für die Zukunft, Bd. 1-3. Mainz 1997

Goldstein, Horst: Kleines Lexikon zur Theologie der Befreiung. Düsseldorf 1991

Greinacher, Norbert: Die Kirche der Armen. Zur Theologie der Befreiung. München/Zürich 1980 (3. Aufl. 1985)

Ders.: Der Schrei nach Gerechtigkeit. Elemente einer prophetischen Theologie. München 1986

Krüger, René: Der Jakobusbrief als prophetische Kritik der Reichen. Eine exegetische Untersuchung aus latein-amerikanischer Perspektive. Münster 2005

Sobrino, Jon: Der Preis der Gerechtigkeit. Briefe an einen ermordeten Freund. Würzburg 2007

Wenzel, Knut (Hrsg.): Die Freiheit der Theologie. Die Debatte um die Notifikation gegen Jon Sobrino. Ostfildern 2008

5.

Das volle Maß der Zukunftsfähigkeit

In der Bibel gibt es eine große Erzählung von der Befreiung und vom guten Leben danach. Der Vorgang spielt teils in der Gefangenschaft des alten Volkes Israel in Ägypten, teils in der Wüste und schließlich in den Gebieten Palästinas, die das Volk Israel nach seiner Wüstenwanderung besiedelte. Vor allem im biblischen Buch »Exodus« sind Erinnerungen daran aufbewahrt. »Exodus« heißt »Auszug«. Gemeint ist: aus der Knechtung.

Die südliche Theorie und Praxis der Befreiung leitet aus dieser Erzählung einen Exodus ab, der das heutige Volk in Demokratie, in allgemeine Schulbildung, in ein geregeltes, wenn auch einfaches Gesundheitswesen für alle, zu einer garantierten warmen Mahlzeit am Tag und zur Gleichberechtigung sowohl der Frauen als auch der Ureinwohner führt. Für uns im Nordwesten sind diese Ziele erreicht. Immer noch müssen zwar unser Sozialwesen verbessert, die Volksbildung überdacht, Missstände beseitigt und die Demokratie nachgebessert werden. Aber um welches größere, übergeordnete Ziel kann es bei uns gehen? Zu welchen neuen Ufern soll der Exodus uns ganz grundsätzlich führen?

In den alttestamentlichen Erzählungen kommen die Menschen schließlich an ihr Ziel: in das »Land, wo Milch und Honig fließt«. Was ist das? Eine lange Tradition »weiß« es: das Land des Überflusses, des immer noch größeren Wohlstands, des immer noch bequemeren Lebens. Schlaraffenland eigentlich.

Die südlichen Befreiungstheologien hatten jedoch nie so weit gedacht; und die Bibel auch nicht. Die alte biblische Bedeutung von »wo Milch und Honig fließt« meint durchaus keinen Überfluss und nicht jenes Land, in dem einem die gebratenen Tauben in den Mund fliegen und wo mein privater Pkw über 100 Pferdestärken hat.

Aloys P. und Aloys H. Hüttermann haben das in ihrem Buch »Am Anfang war die Ökologie« von 2002 deutlich gemacht.

Als das Volk bei seinem Exodus fast schon die alte/neue Heimat erreicht hatte, wurden Kundschafter dorthin geschickt. Diese brachten begeisternde Nachrichten mit: Dort lebten riesige Menschen, die dortigen Weintrauben waren voluminös, die Felder mit fettem Getreide bestanden, die Bäume wuchsen in den Himmel, und es hingen Datteln über Datteln an ihnen. Also: das Land des Überflusses!

Als dann alle dort ankamen, war es ganz anders. Jene großen Bewohner wollten den Neuankömmlingen durchaus nicht weichen. Sie wollten in der fruchtbaren Ebene bleiben. Es gab viele Kämpfe und viele Tote. Aber es gab auch eine Alternative: die kargen, ökologisch wie ökonomisch wenig attraktiven Hänge am Rand des Landes.

Dort konnten die Neuankömmlinge Schafe und Ziegen weiden lassen und wilde Datteln ernten. Die konnten sie zu Sirup machen, die Milch der Tiere aber konnten sie trinken oder zu dicker Milch oder Butter verarbeiten. Wenn sie sorgfältig suchten, fanden sie Nester von Wildbienen; davon bekam man etwas Honig. Aber der meiste »Honig« war bloß Sirup von Datteln. Das war allerdings eine ganz andere Welt als die der großen Weintrauben und fetten Ähren. Aber auf diesen Hängen waren die Israeliten ihre eigenen Herren. Sie konnten dort die Freiheit des Auszuges aus dem Exil bewahren. Sie sahen den Himmel; und nichts war zwischen ihnen und Gott. Die Hangbewohner lebten in einem nachhaltigen Glück – das sie sich ursprünglich nicht so, nicht so karg vorgestellt hatten, das aber wesentlich besser war als die schreckliche Kargheit während der Wüstenwanderung. – Ein Vers aus dem 4. Psalm kann durchaus als Erkenntnis und Gebet eines Hangbewohners verstanden werden:

»Du erfreust mein Herz, wenn auch die anderen viel Wein und Korn haben.«

(Das Missverständnis, dass man doch in das Land des süffigen Weins und des fetten Getreides gehöre, wurde aber nie ganz ausgeräumt. Daher dann die Kriege Israels gegen die Philister, Moabiter, Amalekiter und wie die Alteingesessenen alle hießen. Und es floss Blut um Blut wegen eines eingebildeten Anspruchs auf hohen Wohlstand.)

Von Milch und Honig ist dann noch an prominenter anderer Stelle der Bibel die Rede, nämlich bei dem Propheten Jesaja (Kapitel 7). Dort heißt es: Der Retter des Volkes Israel ernährt sich von »dicker Milch und Honig« – so wie das arme Volk, das auf dem verödeten und zerstörten Land lebt. Später hat man diesen Text auf Jesus Christus bezogen: Er ist mit den Armen am Rand der Gesellschaft solidarisch.

In den Evangelien der Bibel wird dann davon erzählt, dass Jesus den Kaputten, den Randexistenzen der Gesellschaft das Beste bringt: das Reich Gottes. Und dass er ihnen das Wichtigste verleiht: Selbstbewusstsein und Perspektive. Und dass er mit diesen Leuten lebt. Seine konsequente Gemeinschaftlichkeit mit ihnen entspricht seiner radikalen Zusage an sie. Von hohem materiellem Wohlstand aber ist keine Rede – nirgends.

Sein Satz »Selig die Armen« ist das Zentrum seiner Verkündigung und seiner ganzen Existenz. Dieser Satz steht auch im Zentrum jeder Theologie der Befreiung. Er wird in der Feldrede des Lukasevangeliums aufbewahrt: Da wird den ökonomisch Armen, den physisch und mental Kaputten die Seligkeit zugesprochen. Ich möchte sie »ArmSeligkeit« nennen. Zwar kommt, etymologisch gesehen, »armselig« von »armsal« = Elend, Armut. Aber die enge Kopplung von »arm« und »selig« durch Jesus legt es nahe und erlaubt es, das Wort »armselig« zu taufen: Im christlichen, getauften Sinne meint »ArmSeligkeit« dann nicht »extrem arm«, sondern »arm und frei«, »arm und selig«. Besser noch: »arm – und daher frei«, »arm – und also selig«.

Diesen Leuten spricht Jesus die Nähe des Reiches Gottes zu. Und damit meint er nichts noch Ausstehendes, sondern jetzige und intime Nähe. Die Nähe des Reiches Gottes ist laut Jesus der gerade ankommende – und eben gerade bei den Armen ankommende – Glanz Gottes. Die Zukunft Gottes zieht da ganz in die Gegenwart hinein – und damit auch die Gegenwart in diese Zukunft. Jesus hat Gegenwart und Zukunft untrennbar gemacht. Und er hat Armut und Seligkeit untrennbar gemacht.

Der enge Zusammenhang von Gegenwart und Zukunft ist in jüngster Zeit neu ins Gespräch gekommen; und zwar mit dem Begriff der Nachhaltigkeit, Sustainability oder Zukunftsfähigkeit, also auf den ersten Blick in ganz untheologischer Gestalt: Wir sollen in unserer Gegenwart so leben, so mit den Mitgeschöpfen und den Naturressourcen umgehen, dass diese auch für unsere Enkel und Urenkel noch da sind. Dieses Leben wird ein kargeres Leben sein, als man sich das bisher im Nordwesten der Welt hat träumen lassen. Wenn wir in unserem eigenen Leben so »zukunftsfähig« leben, findet schon gegenwärtig – in unserem eigenen Verhalten – Zukunft statt. Damit ermöglichen wir dann den Zukünftigen, zu ihrer Zeit ähnlich auskömmlich, genügsam und verantwortlich zu leben wie wir jetzt. Karg wie wir, aber auch zukunftsfähig wie wir.

In den südlichen Befreiungstheologien wurde das Handeln der Armen allerdings anders auf die Zukunft bezogen. Dort schöpften die Armen aus der ihnen zugesprochenen Seligkeit die Kraft zum Aufstand gegen extreme Not, schreiende Ungerechtigkeit und fehlende Minimalbedingungen. Das war und ist dort – und für dort ganz und gar in Ordnung. Erst in jüngster Zeit haben lateinamerikanische Befreiungstheologen den Aspekt »Nachhaltigkeit« integriert.

Für den Nordwesten muss die Seligsprechung der Armen anders buchstabiert werden – nicht als Befreiung aus der Armut. Die Armut der Armen im Nordwesten ist ja zehnmal komfortabler als die der Armen des Südens.

Für den Nordwesten hängen Armut und Zukunft so zusammen: Im statistischen Durchschnitt leben die gegenwärtigen Armen zukunftsverträglicher als heutige Wohlhabende. Arme verbrauchen weniger Ressourcen, sparen härter, verwenden gebrauchte Dinge wiederum, verschmutzen weniger die Umwelt. Peter Preisendörfer hat 1999 nachgewiesen, dass besonders viele Armen und Alte in Deutschland sehr umweltfreundlich (also »sustainable«) leben, unter ihnen besonders alte Frauen. Und zwar meist ohne dass bei ihnen so etwas wie »Umweltbewusstsein« eine Rolle spielt. Der wohlhabende und durchaus ökologiebewusste Bürger der Ober- oder Mittelschicht hingegen (den man heute gerne LOHAS nennt) verbraucht viel mehr die Umwelt und beschädigt damit viel stärker die Zukunft. Arme leben also »nachhaltiger« oder »zukunftsfähiger« als Wohlhabende. Auch von daher kann es im reichen Norden prinzipiell nicht mehr darum gehen, die Ärmeren materiell auf den Stand der Wohlhabenden zu bringen, sondern gerade umgekehrt: diese auf das Niveau von jenen Ärmeren – und damit auf den Stand der Zukunftsfähigkeit.

Bei den nordwestlichen Armen, die oft karg, aber doch auskömmlich leben, sind Gegenwart und Zukunft also miteinander verquickt: Sie erfüllen den Anspruch, den die Zukunft an uns Heutige stellt. Das nenne ich »arme Nachhaltigkeit«; diese ist der Nachhaltigkeit der Reichen überlegen. Armut, wie sie uns hier in Westeuropa begegnet und mehr und mehr begegnen wird, ist zukunftsfähig. In der zukunftsfähigen Lebensweise der Armen werden schon in der Gegenwart die Maßstäbe der Zukunft realisiert. Das entspricht jener unmittelbaren und nächsten Nähe der Zukunft, die Jesus gepredigt und praktiziert hat, als er verkündete, dass die Zukunft des Reiches Gottes schon jetzt, gerade eben jetzt mitten im Kommen sei und die Menschen – genauer: die armen Menschen – jetzt bereits erreiche.

Insofern ist ArmSeligkeit befreiend: für den jetzt Handelnden und auch für dessen Nachkommen; sowohl als Weg wie auch als Ziel.

Literaturhinweise

Boff, Leonardo: Schrei der Erde – Schrei der Armen. Düsseldorf 2002

Gensichen, Hans-Peter: Die ethische Dimension von Nachhaltigkeit. In: Michelsen, Gerd u. Jasmin Godemann (Hrsg.): Handbuch Umweltkommunikation. Grundlagen und Praxis. München 2005, S. 96-106

Hüttermann, Aloys P. u. Aloys H.: Am Anfang war die Ökologie. Naturverständnis im Alten Testament. München 2002

»Jesus von Nazaret«, exzellenter Wikipedia-Artikel

Petersen, Claus: Die Botschaft vom Reich Gottes. Wirklichkeit statt Utopie? Stuttgart 2005

Preisendörfer, Peter: Umwelteinstellungen und Umweltverhalten in Deutschland. Opladen 1999

Weltkommission für Umwelt und Entwicklung: Unsere gemeinsame Entwicklung. Aschberg (BRD) 1987; Berlin (DDR) 1988

6.

Aus der Ausweglosigkeit erwächst die neue Zivilisation

Da richtet einer in seiner privaten Garage einen Getränkestützpunkt für das Dorf ein, nachdem die Post, der kleine Laden und die Kneipe dichtgemacht haben. Ein anderer kauft für zwei Euro einen ungenutzten Kuhstall und errichtet in ihm ein ganz kleines Sägewerk. Ein dritter eröffnet nahe dem Rathaus einen Fahrradstellplatz, an dem er nicht nur auf die Räder aufpasst, sondern auch kleine Reparaturen ausführt. Woanders gründen Dauerarbeitslose eine Sozialgenossenschaft, die sich sowohl der Altenpflege wie der Nutzung brachliegender Schrebergärten widmet. Sie bekommen nicht viel Geld, aber sie organisieren sich selbst.

So beginnt es. Ganz unspektakulär entsteht eine neue Zivilisation des Randes. Während die Wachstumsmentalität immer noch weiterwirkt, beginnt schon dieses Neue. Während der Kapitalismus sich noch nicht ganz selbst erledigt hat, werden in seinen Randzonen schon Wirtschafts- und Lebensformen jenseits der Profit-, der Berufsarbeits- und der Wohlstandsgesellschaft probiert. Und dieser gesellschaftliche Rand wird immer breiter. Im Osten Deutschlands ist der Druck, solche Experimente zu wagen, besonders stark. Dort, wo die Bevölkerungszahl sich innerhalb von 60 Jahren (bis 2050) halbieren wird, dort, wo dann knapp zwei Drittel der (Rest-)Bevölkerung entweder arbeitslos oder über 60 Jahre alt sein werden: Mehr als die Hälfte der Menschen sind dort dann Randexistenzen! Eine andere europäische Region mit ähnlichem Druck zum Experimentieren ist die weitgehend menschenleere spanische Region Teruel (südliches Aragon).

Wenn in einem Bezirk weniger als 30 Einwohner pro Quadratkilometer wohnen, werden die staatlichen Behörden viele ihrer bisherigen Leistungen nicht mehr finanzieren und viele ihrer Verordnungen nicht mehr durchsetzen können. In dieser Lage werden neue Konstruktionen und Kombinationen entstehen: private Auto-Mitfahrzentralen etwa. Nachbarschaftliche Ausleihstrukturen werden an die Stelle von Bibliotheken treten, die längst geschlossen wurden. Wohngemeinschaften zurückgelassener einsamer Alter werden sich bilden. Der örtliche Sanitäter oder eine Arzthelferin werden, in Ermangelung von Ärzten, mehr Kompetenzen übernehmen.

Regelungen wie der Zwangsanschluss an die Abwasserentsorgung müssen dort aufgegeben werden; dann können und müssen kleine biologische Kläranlagen dezentral entstehen – und endlich ohne bürokratische Hindernisse. Ähnlich beim Straßenbau und beim Trinkwasser. Ein kilometerlanges Leitungssystem für die wenigen übrig gebliebenen Bewohner ist in manchen Regionen oder für manche Gehöfte unerschwinglich. Da werden dann kleine und dezentrale Lösungen möglich und notwendig.

Der Leerstand wird enorme Ausmaße annehmen, die Mieten und die Bodenpreise werden fallen. Man wird Landflächen, leerstehende Wohnhäuser und Werkstätten für sehr wenig Geld abgeben an Arme, Rentner und Aussteiger. Oder »gratis vermieten«. Oder die Leute werden sie sich einfach nehmen. Angler werden ihr Mittagessen auch aus solchen Privatseen holen, die mit »Angeln verboten« beschildert sind. Für stillgelegtes, ungenutztes Land legen sich Schenkungen oder billige Verpachtungen nahe. Oder ebenfalls eine illegale Nutzung.

Gartenlandschaften mit Schrebergärten neuen Stils werden entstehen. Sie werden allein schon aus Geldmangel auf chemischen Dünger und moderne Erntetechnik verzichten.

Sie werden »unprogrammatisch ökologisch« werden. Oft genug werden sie umgeben sein von Brachland, das sich allmählich zu einem artenreichen Lebensraum entwickelt: auch das ist Öko ohne Öko-Absicht.

Unprogrammatische Ökologie und Eigeninitiative der Ärmsten findet man seit Jahrzehnten in den amerikanischen Community Gardens, über die Elisabeth Meyer-Renschhausen ein Buch geschrieben hat.

In New York gab es 1995 an die 850 solcher Gemeinschaftsgärten. 1975 waren es 84 gewesen. Schwarze und Latinos haben dort verwahrloste Grundstücke (oft Ruinen) illegal leergeräumt und umgenutzt zu Gemüsegärten. In Stadtteilen mit besonders vielen sehr Armen ist die Zahl dieser Gärten relativ am höchsten. Neben den geernteten Nahrungsmitteln bieten diese Gärten nachbarschaftliche Kontakte und (vor allem) die Erfahrung, etwas bewirken zu können, etwas selbst geschafft zu haben, wenn man ganz out and down war. Zugleich entsteht ein neues Nahrungsbewusstsein: Die Früchte sind frisch – und sie sind ökologisch, wenn auch ohne Bio-Zertifikat.

Seit 1978 hat die Stadt New York die Verpachtung geregelt (= das Illegale legalisiert); sie stellt sogar Material zur Verfügung, um Wege anzulegen und Zäune zu errichten. Denn sie hat gemerkt, dass die Gärten die Kriminalität zurückdrängen und ihr einiges an Sozialarbeit ersparen. Allerdings behält sie sich vor, solche Verträge auch wieder zu kündigen. – Warum sollte Ähnliches nicht, zum Beispiel, in brachliegenden, uninteressant gewordenen Gewerbegebieten auf der (ehemals) grünen Wiese versucht werden, zwischen alternden Betonwänden und -straßen? Vielleicht sogar, wenn die Besitzer oder die Stadtverwaltung ein ähnliches Einsehen wie die in New York hat, mit deren Duldung bzw. Unterstützung!

Den Gemeinschaftsgärten ähneln im handwerklichen Bereich Werkstätten für Eigenproduktion und technische »Buden« für Reparaturen unterschiedlicher Art. Vermutlich werden das Mischungen aus heutigem Laden für Bastelbedarf plus Hobbywerkstatt plus Copyshop sein. Man wird Museales neu entdecken, aber durchaus auch Innovationen hervorbringen. Die Erfolgsgeschichte des Computers begann in Garagen von Silicon Valley, wirklich am uninteressanten Rand; warum sollte sich Ähnliches jetzt nicht in Vorpommern oder der Lausitz ereignen? Eine vorhersehbare Innovation wird es sein, Geräte, etwa Haushaltsgeräte, wieder reparierbar zu machen, und zwar die ganze Produktpalette: von der Luftpumpe bis zum Computer. Schon heute eröffnen kreative Arbeitslose kleine Reparaturwerkstätten oder Änderungsschneidereien. Vielfach müssen ja gar nicht bedeutende Innovationen entstehen; es hilft schon, wenn der alte Staubsauger, der alte Rasierer noch mal fit gemacht werden kann.

Unter denen, die in solchen Werkstätten arbeiten, werden neben Bildungsfernen auch arbeitslose Facharbeiter, Designer und Architekten sein, aber auch Ingenieure und Juristen ohne Job. Die Zahl überdrüssiger oder »überflüssig« gewordener Hochschulabsolventen wächst ja ständig. Da werden denn auch Firmen entstehen, die über den Eigenbedarf hinaus wirtschaften können und denen von arbeitslosen Werbedesignern geholfen wird, sich gut in Szene zu setzen. Wenn zu ihnen noch Ökonomen stoßen, die wirtschaftliches Arbeiten und soziales Handeln programmatisch miteinander verbinden, können Sozialfirmen entstehen, wie sie Stefan M. Adam in seinem gleichnamigen Buch von 2008 beschrieben hat.

Neben an den Rand gedrückten Akademikern sowie bewussten Absteigern (Aussteigern) werden auch Ruheständler zu den Akteuren gehören: Leute, die in ihrer verbleibenden Lebenszeit endlich das machen wollen, wozu sie bislang nie die Zeit hatten. Eine Reihe von Künstlern kommt noch hinzu, die mit der Großstadt nichts anfangen können. – Das Nebeneinander dieser Gruppen birgt durchaus Sprengstoff. Konflikte, Missverständnisse, Zerwürfnisse liegen in der Luft. Aber im Aufeinandertreffen der Verschiedenen schlummern auch ziemlich große Möglichkeiten.

Die Begegnung der unterschiedlich Betroffenen muss daher wirklich auf gleicher Augenhöhe stattfinden. Gerade gegenüber den Einheimischen, die häufiger keinen oder keinen höheren Schulabschluss haben. Engagierte Aussteiger mit (beispielsweise) ökologischen Beweggründen haben an sich ja handfeste Argumente für eine Verminderung des materiellen Niveaus – also auch für ein erzwungenes Herunterschrauben des Lebensstils. Aber sie müssen auch verstehen, diese Argumente richtig und freundlich anzubringen. Mit Arroganz funktioniert da nichts.

Es gibt Schätzungen, dass in der brandenburgischen Randregion Uckermark im Jahre 2030 etwa 40 Prozent der Bewohner Menschen sein werden, die erst nach 1990 (also nach dem Ende der DDR) dort hingekommen oder geboren worden sind. Dieser hohe Anteil geht zum einen auf eine Art Neubesiedlung durch experimentierfreudige Neusiedler und frustrierte und stadtmüde Großstädter zurück, zum anderen auf den ständigen Wegzug von Einheimischen und auf die extrem niedrige Geburtenrate in der Region.

Die Melange aus den unterschiedlichen Gruppierungen, die sich dort bildet, wird jedenfalls sehr interessant werden. Sie kann einen »verlorenen« Landstrich wie die Uckermark zu einer ebenso kreativen wie unberechenbaren Region machen.

In vielen anderen Regionen findet eine solche Neubesiedlung spontan nicht statt. Man kann aber etwas dafür tun: wie in Finnland, wo vom Staat unterstützte Vereine planmäßig und erfolgreich Werbung machen für das Wohnen in entleerten und entlegenen Dörfern.

Wie Kooperation und Belebung gerade in einer ländlichen Region konkret aussehen könnten, habe ich 2009 in einem Zukunftsroman mit dem Titel »Uckermark« beschrieben:

> *In dem Dorf Grutzkow stehen schon 40 Häuser leer. Seit das Spaßbad pleite ist, halten Nazis dort Geheimtreffen ab. Sie wollen das Dorf »übernehmen«. Der Landrat hingegen will Grutzkow »leersiedeln«. Aber es gibt dort Initiativen. Heinzi entnagelt altes Bauholz und macht damit Geld – das er dann vertrinkt. Marta, eine aus Berlin in die »Pampa« gezogene Designerin, konstruiert für ihn ein neuartiges Entnagelungsgerät. Dr. Schubbutat, arbeitsloser Mikroelektroniker, steigt ein in das Ruhestands-Projekt des Professors: »Reparierbare Haushaltsgeräte«. Die alte Frau Schubbutat züchtet Heilpflanzen. Marta zweifelt, ob ihre Flucht aus Berlin das Richtige war. Uli Wend, ein Pfarrer, schreibt an einem Buch »Befreiung aus dem Reichtum«. Dabei zerbricht seine Ehe mit Annette. Der Pole Kasimier Glatz kombiniert seinen Pizza-Service mit einem Taxibetrieb. Die Behörde ist dagegen.*
>
> *Als die Pläne des Landrats im Dorf ruchbar werden, mobilisiert sich Widerstand. Bei einer Gemeindeversammlung in der Kirche sollen die Projekte und Ideen gebündelt werden.*
>
> *Doch da bemerken alle eine Explosion auf der Grutzkower Burg, die als Zentrum der neuen Initiativen vorgesehen ist. War das etwa Martas Ex, der sich damit an ihr rächen will?*
>
> *Jahre später ist Grutzkow zum Begriff geworden für eine »Dorfentwicklung von unten«. Und der Nazitreffpunkt ist abgebaut worden.*

Gut möglich ist, dass stillgelegte, nicht mehr rentable Fabriken oder Werkstätten in aufgegebenen Regionen von deren arbeitsloser Belegschaft (oder auch von neuen Leuten) übernommen und wieder fit gemacht werden. Vorbilder gibt es: etwa die »Fabricas Recuperadas« in

Argentinien. Zunächst (2000/2001) hatten die Entlassenen dort gewartet, dass neue Investoren kommen würden. Aber die zeigten kein Interesse. Schon bald wurden dann 120 Objekte von den (ehemaligen) Mitarbeitern als Kooperativen übernommen; und zwar so unterschiedliche Einrichtungen wie eine Eisenschmiede, ein Krankenhaus, eine Zeitungsredaktion. Der argentinische Staat gab den neuen Betreibern einen legalen Rahmen. Deren Verdienst ist jetzt niedriger als früher, jedoch dreimal so hoch wie das dortige Arbeitslosengeld.

In Deutschland ähnelt die Besetzung und dann Übernahme der Fahrradfabrik von Nordhausen (Thüringen) den Fabricas Recuperadas. Ein Fahrradwerk aus DDR-Zeiten wurde von einem amerikanischen Global Player übernommen, ausgenommen – und in die Insolvenz gewirtschaftet. 2007 bäumten die 200 Arbeiter sich dagegen auf und produzierten in Eigenregie ein »strike bike«. Aus dem Widerstandsnest wurde 2008 ein legales Unternehmen: die Strike Bike GmbH. In ihr arbeiten zehn Prozent der früheren Mitarbeiter. Heute produzieren sie ein bewusst schlichtes Volks-Rad – auf einer alten Produktionsanlage, da der Insolvenzverwalter die moderne Technik herausgenommen hat.

Wenn die Gesellschaft und die Wirtschaft sich aus den Randlagen und Elendszonen weiter so zurückziehen wie schon jetzt, wird auch manches an Automatisierung dort nicht mehr ankommen oder wieder verschwinden. Das wird alte, ehemalige Arbeitsgelegenheiten für Menschen wieder neu schaffen. Apfelpflückmaschinen und Laubsauger sind da ebenso entbehrlich wie Ticketautomaten oder Geschirrspülmaschinen. Das bringt Menschen Arbeit und spart Elektroenergie. Ein Rückschritt wird da zum Fortschritt. Ebenso wie der minimale Ausstoß von Kohlendioxid in deindustrialisierten Regionen die Umweltsituation verbessert.

Elemente einer regionalen Wirtschaft und ein weitgehendes Selbstversorgerleben werden wiederkommen. Was schon in der Vergangenheit unter Normalverdienern probiert wurde, kann hier, in der Armut, existenzsichernd sein: Tauschringe. Ich mähe dir die Wiese – du fährst mich mit deinem Auto zu meinem Onkel – er macht ihr den alten Angelkahn wasserdicht. Tauschringe stärken die Sozialität und die Aufmerksamkeit füreinander. Vielleicht werden sie die wichtigste Organisationsform in der Zivilisation des Randes. In ihnen kann so etwas wie Solidarität und Verbindlichkeit neu entstehen.

In den Landwerkstätten der Armen wird gewiss »schwarz« gearbeitet, und das Geflecht eines Tauschringes stellt eigentlich einen »Schwarzen Markt« dar. Aber je mehr die langjährigen und soliden »weißen« Arbeitsverhältnisse verschwinden, desto fragwürdiger werden diese alten Begriffe. Gut möglich, dass »Schwarzarbeit« in den Randgebieten Normalität wird. Möglich aber auch, dass sich Sozialgenossenschaften (oben schon erwähnt) bilden: genossenschaftlich organisierte Zusammenschlüsse, die ein breites Spektrum von Aufgaben – nicht nur im sozialen Bereich – übernehmen. Sie würden eine neue, heute noch kaum akzeptierte Form von Legalität für die oben genannten spontanen Gruppen schaffen.

Die Bilder, die ich hier gezeichnet habe, sind eher im ländlichen Raum platziert. In den Städten wird ein ähnliches Leben entstehen, zugleich aber ziemlich anders aussehen. Im Ganzen kann man davon ausgehen, dass 100 und mehr Kilometer von den großen Städten entfernt bessere Möglichkeiten für eine Zivilisation des Randes und für eine neue soziale Einbettung bestehen. Dort können Projekte haltbarer und verwurzelter werden: weil (1.) weniger Anonymität herrscht, (2.) Handlungsmöglichkeiten klarer zu erkennen sind, (3.) mehr Möglichkeiten für Selbstversorgerstrukturen gegeben sind, (4.) die Immobilien billiger sind, (5.) der Staat kaum noch präsent ist.

In den großen Städten werden vermehrt aggressive Underdog-Gruppierungen agieren. Sie sehen dort Chancen, ihre konsum-materialistischen Absichten zu realisieren und an die Stelle der abrutschenden Mittelschicht zu treten. Diese explosive Mischung gibt es in ländlichen Randregionen weniger.

Klar, dass auch Missmut und Depression und viel Alkoholkonsum und Kriminalität dabei sind – in den großen Städten wie auch auf dem

Lande. Und da die schrumpfende und schwindende Expansionsgesellschaft immer weniger Ordnungshüter haben wird, wird sie nicht mehr gegensteuern können: nicht gegen soziale Aufbrüche und nicht gegen negative Entwicklungen. Statt der Polizei, bei der ja auch Stellen gestrichen werden, können informelle Security-Teams für Ordnung sorgen. Ähnliches gilt für die Feuerwehr. So wie die strengrechten Parteien sich zur Zeit in Deutschland entwickeln, muss man sich deren »Kameradschaften« in den Randregionen schon in der Rolle der Helfer und Beschützer vorstellen. Gefragt wäre dann eine andere Partei, die Besseres zu bieten hätte. Welche wäre das? Vielleicht wird eine ganz neue »Partei der Armen« entstehen. Diese kann dann helfen, ein großes Problem zu lösen, das mit der neuen Zivilisation des Randes verbunden ist: ihre zunächst anarchischen Strukturen zivilisieren. Oder das Community Organizing: es wäre eine Methode, um neuen sozialen Zusammenhalt zwischen den Abgehängten zu schaffen (mehr dazu im elften Kapitel). Ein anderer (aber weiterer) Weg ist die Gründung von Sozialgenossenschaften – quasi »Wir-AGs« statt »Ich-AGs«. In Deutschland gibt es dafür aber noch hohe Hürden.

Literaturhinweise

Altvater, Elmar, u. Nicola Sekler: Solidarische Ökonomie. Reader im Auftrag des wissenschaftlichen Beirats vom Attac. Hamburg (VSA Verlag) 2006

Douthwaite, Richard, u. Hans Diefenbacher: Jenseits der Globalisierung – Handbuch für lokales Wirtschaften. Mainz 1998

Enzi, Stefan: Die Genossenschaft als Organisationsrahmen zur Bereitstellung von Altenpflegeleistungen. 2006 (Diplomarbeit) www.wu-wien.ac.at/ricc/diplomarbeiten/enzidipl.pdf

Flieger, Burghard, u. a.: Sozialgenossenschaften. Wege zu mehr Beschäftigung, bürgerschaftlichem Engagement und Arbeitsformen der Zukunft. Neu Ulm 2003. Kurzform: www.leibi.de/takaoe/83_11.htm

Gensichen, Hans-Peter: tun-lassen. Ökologische Alltagsethik im 21. Jahrhundert. Halle (Saale) 2003

Ders.: Uckermark. Zukunftsroman. Eberswalde 2009 (www.zukunftuckermark.de)

Kil, Wolfgang: Luxus der Leere. Vom schwierigen Rückzug aus der Wachstumswelt. Wuppertal 2004

Rada, Uwe (Hrsg.): Stoffwechsel. Brandenburg und Berlin in Bewegung. Leipzig 2008

7.

Gott an den Rändern der alten Gesellschaft

In diesem Buch wird immer wieder von einer neuen Zivilisation gesprochen, die außerhalb der Wachstumsgesellschaft, an deren Rändern entsteht. Für diese Rand-Orientierung gibt es soziologische und politische Gründe. Ein theologischer Grund kommt noch hinzu:
 Der Gott, den Jesus kennt und beim Namen nennt, erscheint ganz am Rand. Nur dort kann man diesem Gott begegnen. Etwas Marginaleres als er ist gar nicht denkbar. Auf Lateinisch gesagt, ist er »id quo nihil *marginalius* cogitari potest«. Ganz im Gegensatz zu jener mittelalterlichen Definition, wonach Gott »id quo nihil *maius* cogitari potest« ist (man kann nichts Größeres denken als ihn). Der allergrößte und allerzentralste Gott ist von Religionskritikern schon lange bestritten worden. Sie haben ihn vertrieben von dem Thron in der Mitte der Welt, in der Mitte der Gesellschaft. Und das ist und war auch gut so; denn Jesus Christus hat den Gott, den er kennt und beim Namen nennt, nie in der Mitte geortet. Jesu Gott ist nicht diese Art von Mittelpunkt für diese Art von Mittelpunktgesellschaft.
 Zum Ende seines Wirkens ging Jesus in das Zentrum, nach Jerusalem. Dort wurde er verraten, gefangen genommen, zum Tode verurteilt, gekreuzigt. In der Mitte wurde er ins Nichts gestürzt. Seine Mörder hatten sich dabei auf das gähnende Nichts des Todes verlassen.

Mit einer vitalen Dynamik, die in der Vernichtung etwas Neues ermöglicht, hatten sie nicht gerechnet. Sie ließen Jesus Christus sterben, er war weg. Selbst sein Grab war schließlich leer – und da erschien er in Galiläa seinen bisherigen Jüngern neu. Das war wieder in jenem Randgebiet, in dem er schon vorher gelebt hatte und aufgewachsen war, wo er seine Worte geredet und seine Taten getan hatte. Nun aber, nach Ostern, erneut und wieder dort – und schließlich überall an den Rändern der Gesellschaft mit neuen Freunden in aller Welt. Wieder und wieder realisierte und realisiert er da die Alternative, welche in den Monaten und Jahren vor Ostern schon begonnen hatte: wenn sie das »Vaterunser« beten, bei ihren gemeinschaftlichen Mahlzeiten, wenn sie singen, einander segnen, einander die Schuld vergeben, miteinander teilen und satt werden, Feste feiern – und nicht aufhören können, von all dem zu ihren Mitmenschen zu sprechen und sie zu all dem einzuladen.

Jesus kommt vom Rand und geht, nachdem die Mitte ihn vernichtet hat, wieder zum Rand: Von der verachteten Region Galiläa über den elenden Kreuzigungsberg Golgatha draußen vor der Stadt Jerusalem wieder neu in das abgehängte Galiläa. – Man hat oft versucht, sein Wirken und sein Zur-Welt-Kommen dialektisch zu formulieren und so begreifbar zu machen: Der Sohn des Allmächtigen verzichte auf seine Göttlichkeit, er komme von oben nach unten, erniedrige sich und werde ein kleiner Mensch wie wir. – Wenn man aber die spezifische Botschaft von Jesus über Gott ganz und gar realisiert, muss man den Gott Jesu Christi anders verstehen: als einen, der mit den Kleinen klein und mit den Marginalen marginal ist. Gerade so ist er für sie zentral – aber eben als Erscheinung am Rand der Gesellschaft. Er muss sich nicht erst gnädig entschließen, zu ihnen herabzukommen, denn er ist schon immer solidarisch unter ihnen. Statt mit Herabkommen und Sich-Erniedrigen hat seine Nähe etwas zu tun mit ganz grundsätzlichem Am-Rand-Sein. Bei dem Propheten Jesaja ist einmal davon die Rede, dass der Retter des Volkes Israel sich von »dicker Milch und Honig« nährt – ebenso wie das arme Volk, das auf dem verödeten und zerstörten Land lebt. Mit Recht hat man später diesen Text auf Jesus Christus bezogen: Er ist mit den Armen am Rand der Gesellschaft a priori eins.

Für die Gesellschaft der Mitte ist der Randgott, den Jesus präsentiert, rein gar nichts. Aus diesem Nichts kann doch nichts werden, sagt die Mitte. Aber während diese Mitte die Peripherie negiert, sie nur noch dunkel sieht bzw. aus Abscheu verdrängt und verschweigt, wirkt an eben dieser Peripherie schon die Energie, die aus dem Nichts kommt: Sie lässt die Objekte des Verschwindens als Subjekte eines neuen Werdens auferstehen.

Die harten Fakten Armut, Hunger und Trauer erhalten durch die Energien des Randes eine neue Qualität. In verlorenen Regionen bilden sich vitale Gesellschaften. Da blühen weggeworfene und liegen gelassene Menschen neu auf, wachsen originelle humane »Pflanzen« und entstehen erstaunliche Symbiosen zwischen ihnen. Dort, wo die herkömmliche Mittelpunkts- und Mittelstandswelt am Ende ist, beginnt etwas zu entstehen, das man sich nicht träumen ließ, solange man noch in der Mitte war. Es ist eine Zivilisation des Randes mit einer alternativen Kultur. Da wird die gefürchtete und gefährliche Armut zu einer ebenso befreiten wie befreienden Armut. In der neuen Art von Gesellschaft, die nur hier so entstehen kann, werden die alten Fakten neu zusammengesetzt. Die Dynamik des Randes macht, dass man auf dem Rand neu zentriert leben kann. In der Nähe des randnahen Gottes ist man somit im Mittelpunkt.

Bevor ich im nächsten Abschnitt Hilfestellungen nenne, welche die Politik den Initiativen bzw. den spontanen Entwicklungen an den armen Rändern geben sollte, setze ich das Thema Gott am Rand – Seligkeit der Armen noch fort. Ich mache Bemerkungen über das Missverständnis, die Kirche Jesu Christi sei eigentlich ja doch eine Mittelstandsvereinigung. Dieses Missverständnis – das wir heute als gängige Vorstellung und reale Praxis vorfinden – hat eine lange Geschichte und ist einst in der jungen und wachsenden Kirche selbst entstanden. Ich werde das beispielhaft an zwei Bibeltexten darstellen: Die ursprüngliche Bedeutung von deren Aussagen wurde sekundär verändert und angepasst. Das zu bemerken und zu hinterfragen ist wichtig; denn man kann dann nicht nur diese Texte, sondern auch die Aufgabe der Kirche wieder ganz ursprünglich verstehen.

1. Paulus bittet einmal (im 2. Brief an die Korinther) die dortigen Christen um eine Geldsammlung für die Urgemeinde in Jerusalem. Er informiert die Christen von Korinth, dass schon die Christen in Mazedonien viel Geld für Jerusalem gesammelt haben. Sein (griechischer) Satz wird meist so übersetzt: »Sie haben in großer Freude trotz ihrer großen Armut reichlich und ganz von sich aus gegeben.« Sieht man sich aber den griechischen Text an, so ist von einem »trotz« (trotz ihrer Armut) nichts zu sehen. Sondern die Übersetzer, die nicht mehr an die Potenzen der Armut glaubten, erzeugten erst dieses »trotz«. Völlig korrekt kann man aber übersetzen: »Große Freude und große Armut kamen zusammen – und daraus wurde eine große Geldspende.« Nicht trotz, sondern wegen der Armut, kann es dann heißen – oder auch in ihrer Armut. Schön drückt das auch eine andere, lyrischere Übersetzung des gleichen Textes aus: »Ihre Armut floss über in den Reichtum ihrer redlichen Güte.«

2. Ein anderes markantes Beispiel für sekundär verändertes Verständnis findet man in Matthäus 11, 5. Dort fasst Jesus zusammen, was durch ihn Großartiges geschieht. Dabei spielt er auf eine alte Vision des Propheten Jesaja an: »Blinde sehen, Lahme gehen, Aussätzige werden rein, Taube hören, Tote stehen auf, den Armen wird das Evangelium verkündigt ...« So jedenfalls lautet die gängige Übersetzung des neutestamentlichen Satzes.

Aber wenn man den griechischen Text ansieht, kann man mit gutem Recht an dieser Übersetzung zweifeln. Viel spricht dafür, dass es am Ende heißen muss: »Arme verkündigen das Evangelium.« Denn das griechische Wort für »Arme« steht dort im Nominativ: ptochoi = »die Armen«, nicht ptochois = »den Armen« (Dativ). Zweitens gibt es keinen zwingenden Grund, das Verb eyaggelizesthai (»das Evangelium verkündigen«) passivisch zu übersetzen. So wird es aber bei Matthäus 11, 5 getan: Ihnen »wird das Evangelium verkündigt«. Aber nein, es heißt in Matth. 11, 5 mit größerer Wahrscheinlichkeit: »sie verkündigen das Evangelium«, also sie, die Armen sind die Akteure, die Subjekte des Verkündigens. Dann muss man das so verstehen: Jesus ist in seiner eigenen Armut bei den (anderen) Armen. Er spricht seine (armen) Freunde selig und versetzt sie in Freude, und so sprechen nun sie selbst andere selig und versetzen diese in Freude. Die Armen werden aktiv, wie der arme Jesus aktiv wurde, und werden so selbst zu Verkündigern. Mit anderen Worten: Arme und Randexistenzen sind die Subjekte der Kirche, nicht deren Objekte.

3. Der Jakobusbrief ist über 500 Jahre als fast schon nicht mehr biblisch angesehen worden: die »lutherische Hypothek« aufgrund des verbalen Widerspruchs zu Römer 3, 28. Aus der Perspektive der Armen hört der Jakobusbrief sich jedoch ganz anders und neu an. René Krüger sagt in seinem Buch »Der Jakobusbrief als prophetische Kritik der Reichen« (München 2005), »dass es für Jakobus Arme gibt, weil sie von den Reichen dazu gemacht werden ...« (S. 248).

Diese drei Hinweise auf tendenziöse Bibelverständnisse und Übersetzungen zeigen, wie die Argumente für eine Mittelstands-Gestalt der Kirche erst durch die werdende Mittelstandskirche erzeugt wurden und wie die ursprüngliche starke Armutsorientierung verwässert oder ganz ausgeblendet wurde. – Gerade gegenwärtig wird nun die Kirche ärmer und führt gesellschaftlich immer mehr eine Randexistenz. Und immer mehr Kirchenmitglieder rutschen sozial ab und verranden. Das ist beides schwer zu ertragen. Wenn man sich aber mit dem Übersetzen der Bibel (siehe oben) beschäftigt, kann man es wohl besser verstehen. Nicht dem Volk, das im Hellen wohnt, erscheint ja ein Licht, sondern dem Volk, das im Finstern lebt (Jesaja 9, 1)! Nicht wo die fetten Felder, sondern wo die kargen Hänge sind, ist das Gelobte Land. Und nicht der Wohlstand ist befreiend, sondern die Armen werden seliggesprochen. Also Kirche als Kirche der Armen und der Ausgegrenzten, nicht mehr nur als Kirche mit Herz für sie. Die Armen und Randexistenzen nicht als zu behandelnde Objekte, sondern als das handelnde Kirchensubjekt. Nicht: »Wir müssen die Maßstäbe gemäß den Armen ausrichten.« Sondern: »Die Armen sind der Maßstab, nach dem sie die Kirche einrichten.« Nicht: Den Armen wird das Evangelium verkündigt. Sondern: Die Armen verkündigen es.

Was das dann heißt, soll im elften Kapitel beschrieben werden.

Deutlich ist aber schon hier die Schwierigkeit auf dem Wege dahin. Denn die heutigen Armen und die heute real bestehende Kirche haben sich weitgehend voneinander entfernt und entfremdet.

8.

Schrumpfung mit Vernunft

Die Zivilisation des Randes mit ihrer Kultur des Weniger kommt bereits – halb ungeahnt, halb illegal und ziemlich chaotisch. Sie kommt gerade dort, von wo Wachstum und Globalisierung sich schon zurückgezogen haben oder wo sie nie wirklich angekommen waren. Also eher in den Regionen, für die der Wachstumsstaat sich schon nicht mehr interessiert: für die Ränder, die immer breiter werden. Braucht diese Kultur des Weniger überhaupt noch den Staat – diesen Staat?

Immerhin: Einige Rahmenbedingungen, die wohl nur der Staat schaffen könnte, wären für die Zivilisation des Randes schon wünschenswert; und diese Bedingungen sind keine Kleinigkeiten. Einiges wie die Aufhebung des Zwangsanschlusses an das Abwassersystem habe ich weiter oben schon genannt.

1. Jährlich neue Staatsschulden könnte man überhaupt nur dann rechtfertigen, wenn die Wirtschaft deutlich und langfristig wüchse und wenn deren Wachstum dem Staatshaushalt für lange Zeit zugute käme. Ist aber der staatliche Schuldenberg schon sehr hoch (wie in Deutschland), so muss wirtschaftlicher Erfolg in den Abbau der Staatsschulden fließen.

2. Auch Milliardenspritzen für falsch geführte Banken sind unsinnig, wenn man erkennt, dass der Kapitalismus sich gerade selbst erledigt. Außerdem macht der Staat – der bereits hoch verschuldet und also geschwächt ist – sich mit solchen Geldgaben nur noch verschulde-

ter und schwächer. Und mit dem zusätzlich gedruckten frischen Geld fördert er nur die Inflation, fordert sie förmlich heraus. Damit ver»hilft« er der Kaufkraft und dem Wohlstand nur zu neuem, womöglich viel heftigerem Schrumpfen, treibt also das, was bereits seit Jahren läuft, auf die Spitze.

3. Für Bürgerarbeit – von Nachbarschaftshilfe bis hin zur Gesundheitspflege – müssen Regelungen geschaffen werden, die sowohl eine gewisse Entlohnung als auch die Versicherung für solche Dienste betreffen. Wenn (zum Beispiel) nichtwohlhabende Alte immer häufiger neuartige Wohngemeinschaften bilden und eine(n) Jüngere(n) als quasi Pflegeperson engagieren, darf das zum Beispiel nicht am Vereinsrecht oder Genossenschaftsrecht scheitern. Gerade für eine bezahlbare Altenpflege bieten sich »Sozialgenossenschaften« sehr an.

4. Das sogenannte »Ehrenamt« in Sport, Kultur, sozialen Aufgaben oder Naturschutz muss neu bewertet werden: nicht »etwas höher bewertet«, sondern ganz neu. Der Begriff stammt ja aus der ehemaligen Vollbeschäftigungsgesellschaft. Heute aber ist für viele das »Ehrenamt« die einzige Tätigkeit, die nicht wegbricht. Eine Entlohnung (ähnlich wie heute die Mini-Jobs) und ein klarer Versicherungsschutz sind erforderlich. Honorierungen wie verbilligte Tickets sind nett, reichen aber nicht aus. Beispielsweise wäre es bei den Mitgliedern der Freiwilligen Feuerwehr (FFW) oder bei freiwilligen Polizeihelfern möglich, dass ihnen die Grundsteuern erlassen werden oder dass die Arbeitsagentur eine pauschale Mehraufwandsentschädigung zahlt für FFW-Mitglieder oder Polizeihelfer, die arbeitslos sind. Oder dass im Alter eine kleine Extrarente für langjährige Ehrenamtler, die arbeitslos waren, eingeführt wird.

5. Die Regierenden müssen Kooperationen mit den neuen Bürgerinitiativen eingehen, die in den Randgebieten entstehen. In ihrem eigenen Interesse müssen die Regierenden ihre (schwindende) Macht mit diesen teilen – zum Guten jener Gebiete, aber auch zum Guten des Staates, der andernfalls ganz und gar zum Verlierer wird.

6. In einer Zuwanderungsgesellschaft wie der deutschen kann von Zuwanderern (gerade aus dem armen Süden) gelernt werden: was Nachbarschaftshilfe und Familienzusammenhalt betrifft, was Kommunikation zwischen Nachbarn, Gastfreundschaft, Gruppenfähigkeit und Bindungsfähigkeit, das Feiern von Festen, den Stolz auf Traditionen betrifft. Die deutsche Integrationspolitik muss hier wirklich Integration als wechselseitiges Lernen ermöglichen; das wird sich hilfreich und innovativ auf die soziale Kultur der Deutschen auswirken. Das Community Organizing (siehe das elfte Kapitel) kann das unterstützen.

7. Mikrokredite wie im armen Süden der Welt sollten vergeben werden. Zunächst sollten Erleichterungen geschaffen werden für Banken, die Mikrokredite vergeben wollen, gleichzeitig sollte gesetzlich verhindert werden, dass Banken unseriös mit den armen Kreditnehmern umgehen.

Gerade in abgeschriebenen Randgebieten können Mikrokredite ihre Empfänger kreativ machen, um ihr Leben neu zu gestalten. Sie motivieren mehr als bürokratische Projekte oder als bloße Wohlfahrts-Zuwendungen.

Das Pariser Pfandleihhaus zum Beispiel vergibt Mikrokredite an seine ärmsten Kunden, wenn diese die Fahrerlaubnis erwerben oder sich einen Computer kaufen wollen oder eine Fortbildung bezahlen müssen. In besonderen Fällen übernimmt die Stadt Paris die Hälfte der anfallenden Zinszahlungen.

Die Idee der Mikrokredite, die zuerst Muhammad Yunus in Bangladesch hatte, wird immer häufiger aufgegriffen – so wie im Pariser Pfandhaus oder auch so, dass europäische Firmen mit der Grameen Bank von Yunus kooperieren und soziale Projekte im Süden umsetzen. Man spricht schon vom »Yunus-Virus«.

8. Schulen müssen in vielen Hinsichten anders arbeiten als bisher. Erstens muss man in dünn besiedelten Randgebieten kleine Schulen

mit wenig Klassen und wenig Schülern zulassen und muss auch andere Lernmethoden anwenden. Denn große Zentralschulen führen dort zu unmäßig langen Schulwegen. Auch nimmt die Brutalität zwischen den Schülern zu, wenn die Eltern der Kinder einander nicht kennen. Zweitens sind große Klassengrößen in vielen Hinsichten nicht kindgemäß. Vor allem aber muss relativ weniger Fachwissen gelehrt und entsprechend mehr Lebenskunde vermittelt und Verhalten eingeübt werden als bisher. Faktenwissen ohne Bezug zur Lebensrealität der Schüler hat wenig Wert. Mehr Zusammenhangswissen, mehr Kreativität, weniger generelle Messlatten, mehr das Unterstützen der individuellen Stärken und Interessen sind vonnöten. Die Schule sollte nicht mehr auf eine Welt von vorhandenen klaren Berufen vorbereiten, sondern den Schülern helfen, nach neuem Wissen, nach den eigenen Talenten und Fähigkeiten, nach adäquaten Tätigkeiten zu suchen, ja: neue Berufe erfinden.

Ob aber die Regierenden eine solche Agenda auflegen können? Es muss wohl noch einiges Katastrophale geschehen, damit sie für »Schrumpfung plus Vernunft« eintreten und das veraltete Motto »Wachstum und Verantwortung« aufgeben. Da Staat, Regierung und Parteien selbst von Schrumpfung und Verrandung, von Bedeutungslosigkeit bedroht sind, läge »Schrumpfung und Vernunft« sehr in ihrem eigenen Interesse. Auch die geläufige Gleichung »kapitalistische Marktwirtschaft = ständige Verbesserung des Lebensstandards = Demokratie« muss aufgegeben werden; denn bei der kommenden Verminderung des Wohlstandsniveaus bedeutet sie: entweder Diktatur oder Chaos. Mindestens müsste sich den Wählern eine Partei präsentieren, deren Credo »Schrumpfung und Vernunft, Demokratie und Schrumpfung« lautet.

In der schweren Finanz- und Wirtschaftskrise seit dem Sommer 2008 haben viele nationale Regierungen opulente Rettungspakete für die angeschlagene Wirtschaft geschnürt – als ob sie selbst nicht bereits superhoch verschuldet seien! Das führt, so aktiv und potent es aussieht, zu verstärkter Handlungsunfähigkeit des Staates in der Zukunft – bis hin zum Staatsbankrott. Und es ist ja auch ganz und gar an Wachstumshoffnungen gebunden.

Vielleicht sind in dieser Lage die Regierungen einzelner Bundesländer sogar besinnungs- und handlungsfähiger als die Bundesregierung. Oder ein Landrat in betroffenen Schrumpfungsregionen fördert Dinge oder lässt sie zu, die in Berlin noch tabu sind.

Literaturhinweise

Ulrich, Bernd: Deutsch, aber glücklich. Eine neue Politik in Zeiten der Knappheit. Frankfurt a. M. 1999

Spiegel, Peter: Muhammad Yunus – Banker der Armen. Freiburg 2006

9.

Mit dem »Weniger« gegen die totale Armut

Es darf nicht sein, dass ganze Menschengruppen völlig abgehängt werden. Ein (wenn auch bescheidenes) Leben in Würde und Autonomie muss die Gesellschaft allen garantieren.

Ein solidarisches Bürgergeld für jede und jeden, ein voraussetzungsloses Grundeinkommen wäre ein Instrument für dieses sozialethische Mindest-Muss. Eine Gesellschaft, die ihren Mitgliedern nicht mehr genug Berufsarbeit anbieten kann, hat eigentlich keine Alternative zu einer solchen Grundsicherung. Diese würde die existenziellen ökonomischen, sozialen und kulturellen Bedürfnisse von allen (!) knapp, aber eben auskömmlich absichern helfen, sodass nackte Existenznot nicht mehr auftreten könnte und niemand mehr gesellschaftlich »draußen vor der Tür« stehen müsste.

2005 hat Wolfgang Engler das Buch »Bürger, ohne Arbeit« geschrieben, in dem er das Problem und die Lösung ausbreitet. Der Untertitel heißt: »Für eine radikale Umgestaltung der Gesellschaft.« Engler argumentiert philosophisch und macht auch gesamtgesellschaftliche Therapievorschläge. Er sagt: In der alten und vergehenden Gesellschaft der Berufsarbeit erzeugte die Berufsarbeit erst den Bürger im Vollsinne. »Ich arbeite, also bin ich.« Wer arbeitete, erarbeitete sich Bürgerwürde und den Zugang zu Waren und Mitbestimmungsrechten. Auch Renten und Arbeitslosengeld waren prinzipiell (und sind immer noch) vom Arbeiten abhängig. Aber eine Gesellschaft, der die Berufsarbeit ausgeht, weil die Arbeit den Automaten überlassen wird oder die Arbeitsplätze nach Asien verlagert werden, muss umdenken. Sie kann das Bürgersein und die Bürgerwürde nicht mehr an der Arbeit aufhängen. Man kann natürlich immer noch Tätigkeiten ausüben, man kann ganz im herkömmlichen Sinne arbeiten. Aber das soll nicht mehr als Eingangstür zum Bürgersein verstanden werden, sondern (nur noch) Teil von dessen »Inneneinrichtung« sein. Leben in der Gesellschaft ist ganz und gar Leben im vollen Sinne schon ohne eine im Job, im Betrieb erbrachte Leistung. Darum ist auch das Komma in Englers Buchtitel (Bürger KOMMA ohne Arbeit) so wichtig: Bürger ist man, ohne es sich erarbeitet zu haben und ohne es sich erarbeiten zu müssen. Eine Gesellschaft, in der man auf diese Weise immer schon Bürger ist, nennt Engler eine »Bürgergesellschaft«.

Das Prinzip kann praktisch umgesetzt werden durch ein »Bürgergeld« bzw. »Grundeinkommen«. Gemeint ist eine finanzielle Basisausstattung, über die jede und jeder souverän verfügen kann. Diese finanzielle Ausstattung würde auch die bisherige Altersrente, das BAföG und alle Formen von Arbeitslosengeld ablösen. Sie wäre unabhängig a) davon, ob die Empfänger jemals gearbeitet haben oder arbeiten werden und b) von der Zahl der Berufstätigen in der Gesellschaft. Alle hätten auf sie Anspruch ohne jeglichen bürokratischen Aufwand, allein aufgrund ihrer Geburt.

Götz Werner, ein anthroposophischer Protagonist des Bürgergeldes, hält 1400 Euro pro Kopf monatlich für bezahlbar. Die Arbeitsgemeinschaft Grundeinkommen bei der Linkspartei spricht von 950 Euro (und für Kinder bis 16 Jahren von 475 Euro). Im Hamburger Weltwirtschaftsinstitut denkt man an 400 Euro monatlich plus 200 Euro für die Krankenversicherung. In der (finanziellen) Mitte liegt das Modell des ehemaligen thüringischen Ministerpräsidenten Althaus: Jeder über 14-Jährige soll 800 Euro erhalten; alle unter

14 Jahren 500 Euro. Davon würden 200 Euro wieder abgezogen als Gesundheitspauschale. (All diese Zahlen orientieren sich am Geldwert von 2006/2007.)

Andere, zum Beispiel manche Grüne, rechnen anders: mit relativen Zahlen. Das Grundeinkommen müsse sich an der Armutsschwelle in einem Land orientieren, das heißt an 60 Prozent des durchschnittlichen Nettolohnes, und es müsste reichen, um nicht nur die materiellen, sondern auch die sozialen und kulturellen Grundbedürfnissen zu befriedigen. Die Grünen gehen nicht davon aus, dass bei Einführung eines Grundeinkommens alle bisherigen sozialen Zusatzleistungen wegfallen.

So zu finden im Internet beim »Grünen Netzwerk Grundeinkommen«.

Wie der Staat sich das Geld für die Grundsicherung beschaffen soll, wird kontrovers diskutiert. Manche wollen die Lohnsteuern stark erhöhen, das Grundeinkommen aber steuerfrei lassen. Götz Werner hingegen plädiert dafür, die Lohnsteuern ganz abzuschaffen und dafür die Mehrwertsteuer drastisch zu erhöhen.

Die Grünen, die in der Diskussion um das Grundeinkommen unter den Parteien am weitesten sind, sehen eine viel stärkere Besteuerung des Ressourcenverbrauchs und eine angemessene steuerliche Belastung der Reichen als unabdingbar; zum Beispiel durch Gewinn- und Vermögenssteuern.

Ich meine zudem: Man muss eine wichtige Finanzierungsquelle dort suchen, wo der Hauptgrund für die Forderung nach einem Bürgergeld für alle zu finden ist: im ständig fortschreitenden Abbau von festen Arbeitsplätzen und der rasanten Automatisierung der Produktion. Das heißt: Besteuerung von Automaten, die Arbeitsplätze wegrationalisieren und zusätzlich Ressourcen verbrauchen. Und steuerliche Erschwerung von Arbeitsplatzverlagerungen ins billige Ausland.

So oder so oder noch anders. In jedem Fall sind Einwendungen von Gegnern des Grundeinkommens, dieses sei »nicht finanzierbar«, unredlich. Denn die deutsche Staatsverschuldung zeigt seit vielen Jahren, dass gerade der jetzige Sozialstaat Deutschland schon lange nicht mehr finanzierbar ist – und zwar ohne Grundeinkommen.

Nochmals zu der philosophischen Grundentscheidung: Bürger mit Bürgerwürde ist man in der neuen Bürgergesellschaft unabhängig von (Arbeits-)Leistung und bevor man irgendeine Leistung bringt. Dieses Thema hat eine religiöse Dimension – und die steht im Zentrum des christlichen Glaubens, nämlich in der Rechtfertigungslehre des Paulus, die durch Luther wieder aus der kirchengeschichtlichen Versenkung geholt worden ist. Ich stelle hier einfach diese Theologie und jene Philosophie nebeneinander; die beiden kommentieren und bestärken sich wechselseitig.

Einzig und allein Vertrauen auf Christus: das ist genug. Kein moralisch wertvolles Handeln kann dir Anerkennung bei Gott bringen. Diese Anerkennung hast du schon aufgrund von Vertrauen.

Du lebst in dieser Gesellschaft; daher hast du schon Bürgerwürde und Bürgerrecht. Diese Würde, dieses Recht kann und braucht man nicht durch Arbeit, Beruf und Leistung zu begründen.

Bedingungsloses Grundeinkommen für jede und jeden bedeutet das Einziehen einer unteren (nicht mehr unterschreitbaren) Grenze für den Lebensstandard. Das wäre ein wirklich gründlicher, grundsätzlicher Wechsel im Verständnis des Sozialstaats. Für Millionen Menschen bedeutete das Befreiung: Befreiung für die, die schon heute wissen, dass sie lebenslänglich eine degradierende und demoralisierende Sozialhilfe empfangen und uneffektive Besuche beim Jobcenter machen werden. Mit einem Bürgergeld stünden sie in einer ganz grundsätzlichen Hinsicht auf gleicher Augenhöhe mit allen Menschen des Landes. Ein Netz wäre gespannt, das ohne eigenes Zutun der Betroffenen ganz selbstverständlich da wäre und Abstürze ins Bodenlose unmöglich machen könnte.

Es würde im Übrigen gut passen, wenn mit Einführung des Grundeinkommens auch die Halbtagsgesellschaft zur durchschnittlichen Normalität würde. In dieser wären Ganztagstätigkeiten sehr unattraktiv und so gut wie unmöglich; und dadurch gäbe es wesentlich mehr Arbeitsplätze, jedoch auch weniger Gehalt. Arbeitsmarktpolitisch wäre eine solche Regelung klug. Und sie würde die vernünftige Konsequenz sein aus dem schon lange beobachtbaren Rückgang ganztägiger und der Zunahme von halbtägiger Berufstätigkeit.

Wenn aber die Krise, die seit 2009 auf der Erde um sich greift, massenhafte Entlassungen und bestenfalls (!) massenhaft Kurzarbeit erzwingt, kommt das Grundeinkommen noch gelegener und gewinnt noch an Logik. Nicht nur, weil der allgemeine Wohlstand schrumpft, sondern auch, weil das, was an Arbeitslosengeld und Kurzarbeitergeld vom Staat gezahlt wird, bereits eine Grundsicherung ist, die nur verschämt als »Übergangslösung« bezeichnet wird.

Mit einem gesicherten Grundeinkommen wäre man auch freier, statt einer Berufsarbeit mehr ehrenamtlich oder in Eigenarbeit (Garten, Hobbywerkstatt) zu tun. Man würde wohl auch in der Halbtagsgesellschaft und mit dem Grundeinkommen noch nach Tätigkeiten suchen müssen und dabei zeitweise ohne Job in der Luft hängen. Das wäre immer noch deprimierend, aber doch weniger dramatisch und nicht mehr so deklassierend wie im alten System. Das neue Bürgergeld in einer neuen Bürgergesellschaft und das Faktum Bürgergeld würden die sozialen wie die finanziellen Ängste relativieren.

Oft wird gefragt, wie die Vision »Grundeinkommen« politisch realisiert werden könne und welche Partei oder Gruppierung dafür besonders kämpfen könnte. Antworten darauf fallen schwer. Ich glaube, dass das ähnlich geschehen wird wie der Absturz des Kapitalismus: ohne einen speziellen gesellschaftlichen Akteur. Sondern mit dem Zusammenbruch, dem Ende der Wachstumsgesellschaft wird ein bedingungsloses Grundeinkommen unvermeidbar und zwangsläufig kommen.

Literaturhinweise

Engler, Wolfgang: Bürger, ohne Arbeit. Für eine radikale Neugestaltung der Gesellschaft. Berlin 2006

Hartard, Susanne, Axel Schaffer und Carsten Stahmer (Hrsg.): Die Halbtagsgesellschaft. Konkrete Utopien für eine zukunftsfähige Gesellschaft. Baden-Baden 2006

Opielka, Michael: Grundeinkommen als Sozialreform. In: Das Parlament, Jg. 2007, Ausg. 51, Beilage »Aus Politik und Zeitgeschichte«

Werner, Götz: Einkommen für alle. Köln 2007

10.

Gemeinsamer Wohlstand in Süd und Nord

Ohne einen lernenden Blick auf den armen Süden der Welt kann der Nordwesten seinen Schwund, sein Schrumpfen, Verranden und Verarmen nicht wirklich einordnen, nicht bewerten und nicht angemessen behandeln. Nützlich und erhellend für diesen Blick sind weltweit vergleichende Untersuchungen über das Empfinden von Glück (subjektivem Wohlbefinden) und der Vergleich dieser Zahlen mit der Umweltzerstörung durch Wirtschaft und Gesellschaft.

In diesem Kapitel sollte und könnte auch von internationalen Verteilungskämpfen, von Wirtschaftskriegen und Revolten die Rede sein. Oder von Strategien, um einen fairen Welthandel zu etablieren – einen, der nicht nur die Nischen der jetzigen Eine-Welt-Läden und Transfair-Regale in manchen Supermärkten bedient, sondern der global dominiert. Dann könnte auch von einer radikalen Stärkung von UNO und Weltwährungsfonds die Rede sein. Stärkung und Neuausrichtung. Aber dieses Buch beschränkt sich auf die Perspektive »Wohlfahrt und Zufriedenheit« der Millionen, Milliarden Bürger des Planeten, auf deren Pro-Kopf-Umweltverbrauch und das Bruttoinlandsprodukt pro Einwohner. Dafür gibt es klare Zahlen. Eine Verengung der Sicht ist das nicht.

Der Blick auf die Glücks-Indizes zeigt: Von 23 untersuchten mittel- und südamerikanischen Ländern ist die Bevölkerung in dreien »sehr glücklich / sehr zufrieden« und in zehn Ländern »glücklich / zufrieden«. In sieben Ländern sind die Menschen »ziemlich glücklich / zufrieden« und in vier Ländern »weniger glücklich / zufrieden«. In die Kategorien 5 und 6 (für extrem geringe Zufriedenheit) stuft sich laut den Untersuchungen keine einzige lateinamerikanische Bevölkerung ein.

Für die 24 EU-Staaten, in denen der Glücks-Index nach den gleichen Kriterien erhoben wurde, ergibt sich folgendes Bild:

Acht Bevölkerungen sind »sehr glücklich / zufrieden«, fünf sind »glücklich / zufrieden« und sechs sind »ziemlich glücklich / ziemlich zufrieden«. Weitere zwei sind »wenig glücklich / zufrieden« und drei sogar »kaum glücklich«.

In der Zusammenschau ist das subjektive Wohlbefinden (Glück) im EU-Durchschnitt durchaus nicht stärker als in ganz Mittel- und Südamerika. Innerhalb der EU sind aber die Unterschiede viel krasser – vor allem zwischen Ost und West. Hauptsächlich kennzeichnend aber ist in ganz Europa, dass Glück, Wohlbefinden mit extremem Umweltverbrauch und mit ökologischen Schäden bezahlt werden. Die vier zufriedensten EU-Bevölkerungen (Österreich, Irland, Dänemark, Finnland) verbrauchen und verschmutzen die Umwelt zweieinhalb Mal heftiger als die vier zufriedensten Lateinamerikaner (Costa Rica, Venezuela, Kolumbien, Panama). Das spricht sehr gegen den Weg »hohes Bruttoinlandsprodukt = hoher materieller Wohlstand = großes Glück« und kann ein Beweggrund sein, den lateinamerikanischen Weg in Europa zu versuchen.

Über Messungen von subjektivem Wohlbefinden und Glück erfährt man mehr im Wikipedia-Artikel »World Values Survey«.
Über die ökologische Belastung der Staaten gibt der »Ökologische Fußabdruck« der Nationen Auskunft (ebenfalls ein exzellenter Wikipedia-Artikel).

Eine halbwegs vorstellbare Marke für einen gemeinsamen und vertretbaren Wohlstand liegt irgendwo in der Mitte zwischen lateinamerikanischem und europäischem Niveau. Ein mögliches Modell-Land kann man sich zwischen Chile und Slowenien denken, also zwischen einem lateinamerikanischen Land mit manchen europäischen Zügen und einem osteuropäischen Land, das sich westeuropäischen Verhältnissen nähert.

Chile ist für uns Europäer ähnlicher als Brasilien oder Venezuela. Was Bildungs- und Gesundheitswesen betrifft, steht Chile etwa auf dem Niveau von Polen oder Ungarn. Chile ist das Land mit dem wenigsten Hunger (neben Argentinien und Kuba) und der geringsten Korruption in Südamerika; es liegt bezüglich Korruption gleichauf mit Frankreich oder Irland.

Chiles Umweltverbrauch ist etwa so groß wie der von Litauen oder Ungarn und beträgt 60 Prozent des schweizerischen Umweltverbrauchs. Und: Die Chilenen sind etwas glücklicher / zufriedener als Griechen oder Portugiesen. – Das europäische Land, dem Chile (was die herangezogenen Indices betrifft) am meisten ähnelt, ist Slowenien. Das osteuropäische Land, ein EU-Mitglied, hat ein Bruttoinlandsprodukt, das zwischen dem westeuropäischen und dem lateinamerikanischen Schnitt liegt. Die Slowenen sind etwa so zufrieden wie die Deutschen und die Franzosen. Nirgends in Osteuropa gibt es so wenig Korruption wie in Slowenien. Und das Land erlebt seit 1991 eine Entwicklung ohne allzu scharfe Aufspaltung in Reiche und Arme.

Für Deutschland würde ein Bruttoinlandsprodukt in der Mitte zwischen diesen beiden Ländern ein Minus von 57 Prozent bedeuten. Ja, das ist herb und war bis vor Kurzem ganz undenkbar. Minus 57 Prozent des deutschen Pro-Kopf-BIP von 2007, dann also noch 8500 Dollar, hießen aber, wenn sie weltweit erreicht würden, für etwa 120 Länder: Anstieg des Wohlstands!

Nimmt man jedoch bei der Auswahl von Modell-Ländern stärker Rücksicht auf deren Umweltverbrauch, so kommt Chile ebenso wie Slowenien weniger infrage; beide verbrauchen deutlich mehr, als dem

Planeten guttut. Man sollte dann als lateinamerikanische Länder Kuba bzw. Kolumbien und aus Europa Kroatien bzw. Litauen wählen. Das bedeutet dann allerdings ein nochmals deutlich niedrigeres gemeinsames Wohlstandsniveau.

Wenn man allerdings die katastrophalen Armutsverhältnisse in Afrika und weiten Teilen Asiens berücksichtigt, kann einem der Kopf platzen. Das Wohlstandsverhältnis EU-Europa : Lateinamerika : Afrika ist etwa 4 : 2 : 1. Ein irgendwie gearteter gemeinsamer Wohlstand EU-Europas mit Afrika ist da ganz unrealistisch. Ich habe jedenfalls keine Vorstellung, wie der erreicht werden sollte. Aber eines ist klar: 43 Prozent der Weltbevölkerung, etwa drei Milliarden Menschen, müssen mit zwei US-Dollar pro Kopf leben. Das erhöht den Druck auf den reichen Norden ungemein.

Ulrich Beck hat 1999 erstmals von der »Brasilianisierung des Westens« gesprochen (in seinem Buch »Schöne neue Arbeitswelt«): Im Westen würden im Lauf der neoliberalen Globalisierung brasilianische Verhältnisse entstehen. Beck meint die Unsicherheit und Unübersichtlichkeit von Arbeitsverhältnissen bzw. von Biografie- und Lebensformen wie in Südamerika. Im gleichen Sinne hat er 2005 von einer »Gesellschaft des Weniger« gesprochen (vgl. oben S. 9). Für die Mittelschichten des Nordwestens sinke der Lebensstandard ab und der Abstand zwischen Arm und Reich vergrößere sich. Diese Beschreibung Becks wird heute Realität.

Beck benutzt »Brasilianisierung« ebenso wie »Gesellschaft des Weniger« als Alarmbegriffe. Tatsächlich erzeugt schon der Gedanke an beides für die Anhänger und Nutznießer des nördlichen Wachstums und Wohlstands Angst. Ich möchte jedoch die Begriffe ganz neutral benutzen: als realistische Beschreibungen sowie als Arbeitsbegriffe für eine ausgewogene und ausgleichende Globalisierung. Nämlich weil das, wovor Beck warnt, ja tatsächlich bereits stattfindet. Und weil ich glaube, dass wir eine Südamerikanisierung Westeuropas und ein Ende des »endlosen« Mehr erträglich und sozial gestalten können. Sogar eine Absenkung des westeuropäischen materiellen Wohlstands um 40 Prozent (das bedeutet ja »Chile/Slowenien«) kann noch irgendwie gestaltet werden. Und: »Chile/Slowenien« bedeutet auch fast eine Verdoppelung des ungarischen und fast eine Verdreifachung des litauischen materiellen Wohlstands. Auch das – eine Ost-West-Angleichung der europäischen Wohlstände – wäre sozial und ein Beitrag zu einer gesamteuropäischen Verträglichkeit.

Gedanken dieser Art sind für uns zweifellos brutal; zugleich würde sich mit einem solchen gemeinsamen, also etwa gleichen Wohlstand das Problem verkleinern, das ich im dritten Kapitel dargestellt habe: dass der Norden Schuld hat an der Armut des Südens – und dass sogar die Armen des reichen Nordens mit beitragen zur Ausbeutung und Verarmung des armen Südens.

Europa wird jedoch auch bei Erreichen eines gemeinsamen (und kargen) Wohlstands immer durch seine sozialen Elemente, seine Errungenschaften seit dem 19. Jahrhundert, geprägt bleiben. Diese werden sich freilich zugleich stark verändern. Ein bedingungsloses Grundeinkommen, das viele heute noch für exotisch halten, könnte ein bedeutender Beitrag sein, um diese europäische Sozialität sowohl zu verändern wie auch aufzuheben und zu modernisieren. Es würde dafür sorgen, dass niemand in die extreme Armut fallen könnte, dass kein (jetziger) Empfänger von ALG II ärmer werden würde als jetzt.

Den großen Schritt zu einer Süd-Nord-Wohlstandsangleichung kann man vermutlich mit dem bedingungslosen Grundeinkommen im Hinterkopf viel barrierefreier denken als ohne es.

Zugleich können und müssen wir von den Lateinamerikanern lernen, aus welchen Elementen sich in ökonomisch ärmeren Gesellschaften das Glück/die Zufriedenheit speist. Das sind Werte, die wir aufgreifen oder rekonstruieren müssen: Die enorme Gastfreundschaft. Der Stolz auf die eigene Familie. Die Familie als Netz, das auch den Gescheiterten auffängt. Überhaupt Gruppenbindungen, auch Gruppenfähigkeit. Die Hilfsbereitschaft zwischen Nachbarn und auch gegenüber Fremden in Not. Das Feiern von Festen. Die Verbundenheit mit der Landschaft. Die Wertschätzung von Traditionen. Auch das: das Zurückgewinnen dieser Werte – dieser Stärken – ist »Brasilianisierung«.

Literaturhinweise

Beck, Ulrich: Schöne neue Arbeitswelt. Vision Weltbürgergesellschaft. Frankfurt a. M. 1999

Binswanger, Mathias: Die Tretmühlen des Glücks. Wir haben immer mehr und werden nicht glücklicher. Was können wir tun? Freiburg 2006

Layard, Richard: Die glückliche Gesellschaft. Kurswechsel für Politik und Wirtschaft. Frankfurt a. M. 2005

Stiglitz, Joseph: Die Chancen der Globalisierung. Berlin 2006

11.

Lernen vom Süden – Aufgabe der Kirche

Die neue Zivilisation des Randes und ein neuer global vertretbarer Wohlstand müssen im Nordwesten mühsam eingeübt werden. Das ist Schwerarbeit. Dazu braucht es Netze, Geländer, Modelle, Vorbilder. In diesem Buch habe ich schon auf mehrere hingewiesen: Auf Lebensweisen in Südamerika, wo Glück bzw. Zufriedenheit nicht an das Bruttoinlandsprodukt gebunden ist. Oder auf Erzählungen wie die vom Volk Israel, das aus der ägyptischen Gefangenschaft mit großen Hoffnungen ausbricht und dann auf den kargen Hügeln Palästinas landet. Auf ihnen ist es frei, auch wenn dort nur Milch und Honig fließt. Nicht mehr als das, aber immerhin das. Oder an das bedingungslose Grundeinkommen, das ein neuartiges soziales Netz darstellt, das den freien Fall in die tiefe Armut verhindert.

Die christliche Kirche kann diese und noch mehr solcher Netze, Geländer und Modelle aktualisieren, praktizieren, anbieten und einüben. Gerade sie kann auf ein umfassendes und langes Nachdenken über Armut und Reichtum zurückgreifen. Und eben auch auf die Erfahrungen mit einer Theologie der Armen bzw. Theologie der Befreiung, die im Süden der Welt schon gemacht worden sind! Wenn sie selbst eine Kirche des Randes und der Randexistenzen wird, wird man auch in einer entchristlichten Gesellschaft ihre Modelle, Geländer und Netze annehmen. Einige seien hier genannt.

1. Die vielen wichtigen Aktionen der kirchlichen Entwicklungshilfe weisen noch immer ein starkes Gefälle auf: Der Nordwesten hilft dem Süden, damit dieser weniger arm wird. Diese Einbahnstraße aber ist unzeitgemäß. Denn der Süden kann uns helfen – beim Ärmerwerden. Süd-Erfahrungen sollten bewusst und konkret nach Westeuropa übertragen werden. Nicht mehr nur anlässlich emotional gefärbter Reiseberichte mit moralischem Unterton oder am jährlichen Weltgebetstag im März, sondern ähnlich strukturiert und schwergewichtig wie bisher die nördliche kirchliche Entwicklungshilfe für den Süden.

2. Sehr nahe liegende »Übungsfelder« für das Lernen vom Süden sind die Migrantengemeinden in Deutschland. Das sind kirchliche Zusammenkünfte und Zusammenschlüsse von Asylanten, Asylbewerbern und auch ehemaligen Ausländern mit deutscher Staatsbürgerschaft. In ihnen werden die Religiosität, die Kultur und die Sprache der alten Heimat gepflegt, oft wird auch eine neue enthusiastische Christlichkeit praktiziert, zu der die Mitglieder teilweise erst in Europa gekommen sind. Die Predigten in den Versammlungen sind meist intellektuell einfach, viele der gesungenen Lieder ekstatisch. Die alten deutschen Kirchengemeinden nehmen diese Gruppen kaum zur Kenntnis, manche stellen ihnen jedoch immerhin ihre Kirchenräume zur Verfügung – aber oft eher mit Berührungsängsten als mit Neugier. In mancher deutschen Großstadt gibt es über 100 solcher neuer Gemeinden (Hamburg, Berlin, München, Frankfurt am Main …).

Dort geschieht vieles von dem, was die nördlichen Kirchen eigentlich brauchen, aber nicht selbst zustande bringen. Die ökonomische Lage der Teilnehmer ist oft elend, das Gemeindeleben häufig spontan-chaotisch und die Gottesdienste dynamisch. Die reichen, aber ärmer werdenden Kirchengemeinden Westeuropas können von diesen armen Gemeinden lernen. Sie können deren Veranstaltungen besuchen. Sie können den südlichen Gemeindeleiter einladen und ihn um

Rat fragen. Deutsche Kirchengemeinden können auch einen Pfarrer aus dem Süden engagieren, der dann für die Migrantengemeinde und die alte deutsche Gemeinde zuständig ist. Das wäre das Pendant zu den weißen Missionaren des 19. Jahrhunderts oder zu den christlichen Entwicklungshelfern, die in der jüngeren Vergangenheit aus dem Norden in den Süden der Welt gegangen sind.

3. Neue Klöster können entstehen, Zentren des christlichen Lebens. Schon immer hatten Neugründungen von Klöstern und Mönchs- bzw. Nonnenorden mit Armut und mit einem Herausgehen aus der Mitte der Gesellschaft an deren Rand zu tun. In neuen Klöstern können echte Gemeinschaften zwischen freiwilligen Aussteigern und unfreiwillig Abgestürzten wachsen. Da können die einen ihre Erfahrungen an die anderen weitergeben und im gemeinsamen »ora et labora« (Beten und Arbeiten) diese Erfahrungen praktizieren und meditieren. Solche Klöster, Kommunitäten, WGs stehen für Schrumpfung plus Konzentration und Spiritualität plus soziale und ökonomische Hilfe.

Aus Klöstern sind häufig wissenschaftliche und wirtschaftliche Innovationen gekommen. Das Projekt Reparierbarkeit (zum Beispiel von Haushaltsgeräten), von dem im sechsten Kapitel die Rede war, kann sehr gut in einem neuen Kloster beheimatet werden. Der Mönch Gregor Mendel fand 1865 in seinem Klostergarten die Regeln der biologischen Vererbung. Vergleichbares Neues kann in den Klostergärten von morgen geschehen. Beispielsweise sind längst nicht alle Entdeckungen gemacht worden, welche die Bio-Landwirtschaft braucht. Es gibt zum Beispiel noch nicht genug spezielle Sorten an Bio-Saatgut und es fehlen Maschinen, die an die Biowirtschaft angepasst sind.

4. Ein ganz konkretes Beispiel für die genannte »Brasilianisierung Westeuropas« ist die Fazenda de Esperanza bei Berlin. Sie ist ein landwirtschaftlicher Hof, der von Franziskanerinnen betreut wird, ein Ort der Hoffnung, an dem ehemals Drogenabhängige zu einem einfachen und cleanen Leben zurückfinden. Dieses Projekt wurde von Brasilien nach Deutschland übertragen.

5. Die großen kirchlichen Wohltätigkeitsorganisationen haben sich in ihren Krankenhäusern voll auf die Hochleistungsmedizin eingelassen. Diese wird immer teurer, sie wird zu einer Medizin für Reiche. Zugleich bleibt immer weniger Zeit für Seelsorge, Zuwendung, Trost, also für das eigentlich kirchliche Handeln am Kranken. – Der andere Arbeitszweig der kirchlichen Hilfsarbeit, der für die Armen und Problembeladenen (von Schuldner- oder Suchtberatung über Suppenküche bis zu Altenhilfe, Kindertagesstätten und Eheberatung), wird jedoch zunehmend wichtiger als das Medizinische (für das es Spezialisten jeder Fachrichtung außerhalb der Diakonie und Caritas gibt). Die Hochleistungsmedizin für Reiche können die kirchlichen Krankenhäuser anderen überlassen. Es wäre aber ihre Aufgabe, eine Medizin für Arme zu entwickeln: nicht als abgespeckte Variante der Reichenmedizin, sondern als etwas Neues, Anderes, das nicht schlechter ist. Dazu gibt es viele Erfahrungen von europäischen Ärzten, die in Missionskrankenhäusern des Südens gearbeitet haben. Dort mussten sie meist ein viel breiteres Spektrum abdecken als hier, wo die Spezialisierung so weit getrieben worden ist. In eine geplante und gewollte »Medizin für Arme« können diese Ärzte viel einbringen, statt in Europa das alles nur nostalgisch abzuspeichern. Auch andere Arten von Medizin, wie Naturheilkunde, Osteopathie, Akupunktur, Dorn-Therapie, Homöopathie gehören in eine neue Medizin für Arme. Sie werden bisher meist von Gutverdienern genutzt, weil die Kassen wenig dafür übrig haben. Aufgrund ihres geringen Chemie- und Apparatebedarfs sind sie aber preiswert und für Arme genau richtig.

6. Parallel zu Hochleistungskrankenhäusern betreibt und gründet die Kirche mehr und mehr eigene Schulen, die im Allgemeinen von den Kindern der Besserverdienenden und Gebildeten gerne genutzt werden. Aber für solche Schulen gibt es genügend andere Anbieter; da braucht man die Kirche eigentlich nicht. Es gibt ja auch gar keine spezifisch christliche Pädagogik. Primäre kirchliche Aufgabe könnten hingegen gute Schulen für Desintegrierte, Bildungsschwache und Zurückgebliebene sein. Analog zur Hinwendung von Diakonie und Cari-

tas zu den Armen und Problembeladenen sollten kircheneigene Schulen, wenn es sie überhaupt geben muss, gerade für Kinder von Obdachlosen und Asylanten da sein.

7. Eine verarmende Gesellschaft mit immer größerer Peripherie und immer schwächeren und schwankenden Zentren birgt sehr viele Konfliktmöglichkeiten. Eine dort am Rand neu entstehende Zivilisation des Weniger trägt zunächst (oder für immer?) anarchische Züge. Im Überlebenskampf besteht die Gefahr, dass Unfähige und Schwache zuallererst ausgestoßen werden. Kirche kann in solchen Fällen ein Ort der Moderation werden: Vermitteln zwischen Mittelschicht und Unterschicht, zwischen engagierten Aussteigern und unabsichtlich Abgestürzten, zwischen Schwachen und noch Schwächeren, zwischen gewalttätigen und friedlichen Protestierern, zwischen Tätern und Opfern, zwischen Demonstranten und Polizisten. Und in ihr müssen auch Schuldner- und Alkoholiker- und Eheberatung und und und stattfinden.

8. In den Kirchen der USA, aber auch in den dortigen Gewerkschaften gab und gibt es das Community Organizing. Die Bewohner von Armenvierteln werden von Organizern angeleitet und befähigt, ihre eigenen Interessen zu vertreten und sich zu verbünden, um diese auch durchzusetzen. Gerade wenn traditionelle Verbünde wie Familie und Nachbarschaft ihre alte Kraft verlieren, kann Community Organizing helfen, neue Netze und Strukturen zu erfinden und dauerhaft zu machen.

Community Organizing als kirchliches Arbeitsfeld ist eigentlich nichts Neues, es hat eine große Nähe zu den südamerikanischen »Basisgemeinden«. Es verlangt »nur«, dass die Kirche sich klar als Kirche der Armen erkennt und organisiert.

9. Community Organizing bedeutet selbstredend auch, dass die Kirche sich selbst immer wieder als Gemeinschaft begreift und organisiert. Elemente dieser Gemeinschaft wurden schon oben (im sechsten Kapitel) erwähnt; sie wurden schon in der ersten Christenheit praktiziert: das Zusammenkommen als Gemeinschaft, das Beten des Vater-

unser, gemeinschaftliche Mahlzeiten, einander die Schuld vergeben, einander segnen, miteinander teilen, sodass alle satt werden, frohe Feste feiern, über all das zu den Mitmenschen sprechen und sie zu der Gemeinschaft einladen.

So uralt-historisch alle diese Elemente auch sind – in einer Situation, in der viele Menschen aus der Bahn und an den Rand geworfen sind und nun ganz allein dastehen, haben diese Gemeinschaft, diese gemeinschaftlichen Akte einen neuen und hohen Wert.

10. Die herkömmliche Orientierung des kirchlichen Lebens an den kulturellen Ansprüchen des Bürgertums oder des Bildungsbürgertums ist viel zu einseitig. Allerdings muss keine Absenkung des Niveaus angestrebt werden. Bachkantaten und gregorianische Gesänge sind etwas Schönes; aber an heutigen prekären Lebenssituationen sind Gospels viel dichter dran. Bei Predigten ist es ähnlich: Man kann manch geistvolles Hölderlin- oder Rilke-Zitat in ihnen verwenden; aber Werbeslogans von Baumärkten oder ein provokantes Graffiti an einer Hauswand kann der Prediger womöglich viel effektiver christlich kommentieren. Auch die schönen Liturgien aus dem 16. Jahrhundert haben etwas; man muss sie aber auch verstehen können. Und vielen Menschen gelingt das nicht mehr – und nicht nur Ungebildeten.

(Keine Nebenbemerkung: Vier Millionen funktionale Analphabeten müssen die angegebenen Lieder im Gottesdienst auch mitsingen können. Aber wie? Das muss eigentlich an jedem Sonntag bedacht werden.)

Es geht, wie gesagt, nicht um generelle Niveauabsenkung.

Aber dem Trend, Leuchtturm-Kirchen für »gehobene Ansprüche« zu fördern, muss ein starker anderer Trend gegenübergestellt werden: mehr und mehr Vesperkirchen, Kirchen der Armen. In solchen Kirchen der Armen, wohin diese womöglich nur wegen der warmen Mahlzeit kommen, muss eine Gemeinschaftlichkeit und Spiritualität eingeübt werden, die aus dem Hinkommen viel mehr macht. Leicht ist das nicht. Mit Erfindungsreichtum (der Organisatoren wie der Teilnehmenden) wird aber der Erfolg nicht ausbleiben. Schließlich werden die Besucher das Singen, das Beten, das Gespräch, die kurze Predigt gar nicht mehr missen wollen.

Vesperkirchen werden ja durch wohlhabendere Mitglieder der Kirche unterstützt und so erst ermöglicht. Sie sind also noch Kirchen für die Armen. Je weniger Wohlhabende aber da sind und je mehr Arme es gibt, desto notwendiger und logischer ist es, dass es nun wirkliche Kirchen der Armen gibt. Aber wie soll aus dem einen das andere werden? Sicher nicht ohne Konflikte und immer mit drohendem Scheitern. Letztlich wird man auch hier vom Süden lernen können.

Pater Benigno Beltran hat vor einigen Jahren von der Kirchengemeinde der »Müllmenschen« in Manila berichtet: »Die Menschen lieben es, kreativ zu sein und den Gottesdienst mitzugestalten. Manchmal predigt der Pfarrer gar nicht. Die Gemeinde singt dann ausgiebig oder gibt die Themen des Tages spielerisch wieder. Der Gottesdienst hat mehrere Funktionen: Die Leute bringen Fische zum Gottesdienst, die sie gefangen haben, Obst, das sie gepflückt haben – einfach das, womit sie der Gemeinschaft, die sich da am Sonntag trifft, etwas Gutes antun können. Da nehmen sie dann alle etwas von der Herrlichkeit Gottes vorweg und schaffen Friede auf Erden und Gerechtigkeit.«

Die zehn Punkte waren nur Beispiele. Ganz prinzipiell muss die Kirche sich von dem erkannten eigenen Schwund, von ihrer neuen und schmerzlichen Randexistenz bewusst und tatsächlich prägen lassen. Sie muss sich also verändern: von einer Kirche der Mitte zu einer Kirche des Randes, einer Kirche, in der die Dynamik des Randes wirkt. So hatte sie ja in ihren besten Zeiten auch angefangen!

Wenn sie sich in der Schrumpfungsgesellschaft nur (quasi betriebswirtschaftlich) mit dem eigenen Schwund, der eigenen Marginalisierung befasst und diese verhindern oder aufhalten oder kaschieren will, hat sie in der Zivilisation des Randes keinen Platz und keine Funktion.

12.

Die Praxis des Weniger ist befreiend

Schrumpfen, Schwinden, Bröckeln und Rückgang werden in diesem Buch nirgends gefordert. Auch wird materieller Wohlstand durchaus nicht abgelehnt. Die Armut rede ich an keiner Stelle schön und habe sie auch zuvor mit keinem Hintergedanken »schöngedacht«. Jesus sagt zu den Armen: »Ihr seid selig«, nicht aber den ganz anderen Satz: »Schön, dass ihr arm seid.«

Allerdings gehe ich davon aus, dass die Expansions- und Wohlstandsgesellschaft des Nordwestens dabei ist, ganz real zu kippen, dass die Armut hier massiv kommt, dass die Ränder unserer Gesellschaft breiter und hässlicher werden. Aber mit Gutheißen hat das nichts zu tun. Ich bin ja kein Masochist.

Tatsächlich ist vielfacher Rückgang heute ein nackter Indikativ, nicht bloß ein Optativ oder moralischer Imperativ, sondern ein unbezweifelbarer Fakt. Das ist ein ganz großer Unterschied zu den Siebziger- und Achtzigerjahren des vorigen Jahrhunderts, in denen es (gerade von der Ökologiebewegung her) ein starkes Fordern materiellen Rückgangs bzw. Maßhaltens gab. Damals wurde freiwilliger Verzicht propagiert und auch eingeübt, heute muss man (kann man nur noch) zwangsweises Verlorengehen konstatieren. »Es gibt diesen Zwang zum Weniger« (Ulrich Beck 2005). Was bleibt, ist eine von den Verhältnissen erzwungene Anpassung an ebendiese Verhältnisse.

Ich verharre nicht beim bloßen Konstatieren des Rückgangs. Ich stelle nicht nur fest. Feststellen ist nur die erste Stufe, die Ouvertüre. Daher spreche ich dann immer wieder vom Meistern, vom Lenken, vom Humanisieren dessen, was – bedrohlich und beängstigend genug – mitten im Kommen ist. »Meistern« bedeutet mehr als »sich dem Trend beugen«. Es ist eher ein »Make the best of it«. Oder, klarer gesagt: »Make the best of shit.« Eine andere bekannte Metapher aus den 1970er-/80er-Jahren sagt, wir sollten »die versteinerten Verhältnisse zum Tanzen bringen«. Sie stammt wohl von dem linken Theoretiker Antonio Gramsci. Heute würde ich sagen: Die ehemals versteinerten Verhältnisse sind derart ins Taumeln geraten und bringen uns ins Taumeln. Da kommt es darauf an, dass wir aus deren Taumeln einen Tanz machen, dem wir einen Rhythmus geben. Das Taumeln ist eine Art Sturz, das Tanzen im Rhythmus ist Gleichgewicht in der Bewegung. Die Bewegung nicht verhindern wollen, nicht mehr verhindern können – aber eine Orientierung, eine Sturzvermeidung in sie hineinbringen!

Diese Art von Meistern geschieht schon irgendwie mitten im Schleudern, chaotisch und unprogrammatisch; doch es wird noch nicht als Meistern wahrgenommen, sondern als ein Geschleudertwerden, als Verlust der einstigen Meisterschaft. So geht es den Betroffenen selbst und auch dem Mainstream der immer noch auf Wachstum hoffenden, verzweifelt hoffenden restlichen Mitte der Gesellschaft. An den Rändern wirkt aber schon eine für Westeuropa neuartige Kreativität: die Kreativität des Überlebenskampfes. Mit Augen, die auf Wachstum fixiert sind, erkennt man die nur unscharf oder als Zerrbild, womöglich als kriminell. Allein schon, weil man, wenn man an ihr vorbeikommt, sie mit Wachstumsaugen gar nicht oder nur mit Angst anschauen kann.

Die Realität erkennen und Ansätze des Sich-Arrangierens und Sich-Engagierens wahrnehmen: schon das ist befreiend. Im Schleudern neuen Tritt fassen und eigene Schritte in eine neue Richtung gehen. Das macht noch Angst; es ist ja auch zutiefst ungewohnt. Schließlich haben ganze Generationen in unseren Gesellschaften immer nur das

»Mehr und immer mehr« gelernt. Aber den ungewohnten Weg ins Weniger neu gehen – das ist nicht nur ungewohnt, sondern auch befreiend. Es ist befreiend, den alten Weg als Illusion zu erkennen und dabei schon zu ahnen, dass es einen illusionslosen neuen Weg gibt.

Auch der Blick auf Lateinamerika soll befreiend wirken: Unsere nördliche Erzeugung von Glück und Zufriedenheit mithilfe von superhohem Bruttoinlandsprodukt und von Raubbau an der Umwelt ist ein Holzweg – der lange Zeit als Königsweg gesehen wurde, auf dem die Welt uns nacheilen sollte. Meine Hinweise auf ein organisiertes Lernen vom Süden wollen dagegen einen gangbaren Weg zeigen: gangbar, was das Glück der Menschen und das Wohl der Umwelt betrifft.

Es gibt dann Texte wie im fünften Kapitel: vom Leben im kargen »Land, wo Milch und Honig fließt« (ein biblisches Bild) und von Jesus, der die Armen seligspricht. Der nicht sagt, dass die Armen erst reicher werden müssten, damit sie dann selig sein könnten. – Das sind Texte, die eher »das Herz« ansprechen (oder eben kalt lassen). Ich meine allerdings, dass sie voller Weisheit sind und dass sie recht genau zu jener Nähe von »arm« und »glücklich bzw. zufrieden« passen, die ich im fünften und im zehnten Kapitel aufzeige.

Mein Entwurf soll ein nordwestliches Pendant zur südlichen, vor allem lateinamerikanischen Philosophie/Theologie und Praxis der Befreiung sein. Aus dem beängstigenden und lähmenden Hereinbrechen des Weniger in Westeuropa soll ein Prozess der Befreiung heraus aus dem Mehr werden; und dieser Prozess braucht auch eine neue Theologie dieser neuen Befreiung. Eine nordwestliche Befreiungstheologie kann an gedankliche und praktizierte Vorarbeiten aus dem armen Süden anknüpfen. Sie muss dann aber ganz eigene Wege gehen. Zum Beispiel wird sie auf marxistische (bzw. hegelianische) Anteile, die für die südliche Befreiungstheologie eine gewisse Rolle spielten, verzichten können und wird sich stattdessen der Philosophie und Ethik der Nachhaltigkeit nähern.

Südliche Theologie der Befreiung aus der Armut ins Mehr und nördliche Theologie der Befreiung aus dem Reichtum ins Weniger sind verwandt, allerdings über Kreuz. Das bringt natürlich Unterschiede, ja Widersprüche mit sich. Ein gravierender ist dieser: Befreiung ins Mehr ist immer voller Pathos und Euphorie. Sie ist wie Frühling. Demgegenüber muss Befreiung in das Weniger wohl immer mit Trauer um Verlorenes umgehen. Wie im Herbst. Ja, es ist ihre Hauptaufgabe, diese Trauer aufzuheben – und das, ohne mit einem »Weg nach oben« (also zurück) locken zu können. Das ist, wie wenn ein Suchtmittel nicht mehr erhältlich ist. Dann wieder zum »Leben ohne« zu kommen – ohne das alte schöne Gift: um diese Art von Befreiung geht es.

Ein gemeinsames Ziel von südlicher und nördlicher Befreiung ist: ein globaler und global vertretbarer und verträglicher Wohlstand auf einem in etwa gleichen Niveau zwischen Süd und Nord.

Nochmals: Ich predige (propagiere) nicht das Abwärts für Westeuropa. Sondern ich zeige, dass man – unter Mühen und sogar mit Widerwillen – das faktische Abwärts human und sozial und umweltverträglich und solidarisch und zukunftsfähig gestalten kann. Und dass das schon beginnt.

Es beginnt schon. Nicht in der Mitte der Gesellschaft, nicht bei deren Spitzenkräften und nicht bei den Saturierten. Darum fallen auch meine Spekulationen über den Zustand und die Veränderungen einer geschrumpften, aber immer noch vorhandenen Mitte der Gesellschaft sehr kurz aus. Und ich schweige mich aus, wie das Verschwinden der Superreichen, der Manager des Kapitalismus vor sich gehen wird und wie die Selbstdemontage des Marktradikalismus vonstatten gehen wird. Wichtig ist mir etwas anderes: Dass gerade an den deklassierten, aufgegebenen und fallen gelassenen Rändern, im sozialen wie ökologischen Brachland, dort wo das Nichts »gähnen« soll, etwas Neues entsteht, eine neue Zivilisation, eine Kultur des Weniger. Und die gähnt keineswegs, sondern ist ganz munter und kreativ. Ja einladend, befreiend.

ANZEIGE

Es wird Zeit...
Publik-Forum — Zeitung kritischer Christen

... **für einen kritischen Blick auf unsere Gesellschaft.**
Publik-Forum stärkt jene Kräfte, die ihre Augen nicht vor den brennenden Fragen unserer Zeit verschließen und sich für die Lösung der aktuellen Probleme engagieren. Notwendig sind neue Brücken zwischen Politik, Wirtschaft und Gesellschaft, zwischen den Konfessionen und Religionen. Im Zwei-Wochen-Takt bringt Publik-Forum Information und Orientierung, Überblick und Durchblick. Sie sind herzlich eingeladen, sich davon zu überzeugen.

Probelesen kostet nichts ...

Kostenloses Probelesen? Ja!
Senden Sie mir drei aktuelle Ausgaben **Publik-Forum** kostenlos zum Probelesen. Bestelle ich nicht innerhalb einer Woche nach Erhalt des dritten Heftes ab, wünsche ich Weiterlieferung im Abonnement. Der Abonnementpreis* beträgt im Halbjahr 45 € (82 CHF inkl. Aufbruch). Das Studenten-/Vorzugsabo gibt es gegen Nachweis zum Preis von 31,50 € (58 CHF inkl. Aufbruch). Den Bezug kann ich jederzeit kündigen.
*Stand: 01.01.2009

Bitte den Bestellcoupon abtrennen/kopieren und ausgefüllt und unterschrieben senden oder faxen an:
Publik-Forum
Verlagsgesellschaft mbH,
Postfach 2010, D-61410 Oberursel,
Telefon: 0 61 71 70 03 – 14,
Telefax: 0 61 71 70 03 – 46,
www.publik-forum.de/probelesen

_____
Name, Vorname

_____
Straße, Hausnummer

_____
Postleitzahl, Ort

_____
Telefonnummer   Geburtsdatum

_____
E-Mail

20091010
_____
Datum, Unterschrift

ANZEIGE

Publik-Forum *Edition*

Peter Bürger
Die fromme Revolte
Katholiken brechen auf
Es ist Bewegung in der Römischen Kirche. Der Theologe Peter Bürger vereint in seinem Buch genaue historische Analysen und die Ermutigung zu einem angstfreien katholischen Selbstbewusstsein.   288 Seiten. Bestell-Nr. **2889**

Heinrich Missalla
»Nichts muss so bleiben wie es ist«
Mein katholisches Leben im 20. Jahrhundert
Der Autor Heinrich Missalla, Mitbegründer des *Bensberger Kreises*, der Zeitung *Publik-Forum* und der *Initiative Kirche von unten*, schildert seinen »linkskatholischen Werdegang«. Das Zeugnis eines Menschen, dessen Lebensweg das Ringen um eine menschenfreundliche, an der biblischen Botschaft orientierte Kirche und Theologie prägt.   224 Seiten. Bestell-Nr. **2881**

Norbert Sommer und Thomas Seiterich (Hg.)
Rolle rückwärts mit Benedikt
Wie ein Papst die Zukunft der Kirche verbaut
Dieses Buch leuchtet den Kontext aus, in dem Papst Benedikt XVI. agiert. Es analysiert die Hintergründe seines Handelns, die Grundzüge seines Denkens und Glaubens. Jürgen Moltmann, Hermann Häring, Hans Küng, Ida Raming, Andrea Günther und andere namhafte Autorinnen und Autoren liefern Informationen und Analysen zu Theologie, Selbstverständnis und Glaube eines Papstes, der der Kirche eine Rolle rückwärts aufzwingt und so ihre Zukunft verbaut.   224 Seiten. Bestell-Nr. **2884**

Bestellungen an: Publik-Forum, Postfach 2010, D-61410 Oberursel, Tel.: 06171/700310, Fax: 06171/700346, E-Mail: Shop@Publik-Forum.de   **Bestellungen im Internet:** www.publik-forum.de/shop